「失敗は成功の一歩前」。料理を通して生きる力を育てたい

子ども料理研究家
武田昌美

東京・世田谷区にある「リトルシェフクッキング」。幼児から小学生を対象にした子ども向け料理教室である。創意を凝らしたメニューと楽しい雰囲気が評判だ。そんな教室の代表を務める武田昌美さんには、料理の技術を伝えるよりも大切にしているものがあるという。それが母親直伝の「失敗は成功の一歩前」というマインドだ。料理を通じて自己肯定感を養おうという武田流の指導法、そして教室にかける思いを聞いた。

（取材／本誌　兼子智帆・萩原和夫）

「失敗は成功の一歩前～！」

子どもたちの元気な掛け声でレッスンは始まった。ここは、子ども向け料理教室「リトルシェフクッキング」。幼児から小学生までの子どもたちが月に１度教室に通い、様々な料理に挑戦する。今日のメニューはバスクチーズケーキ。スペイン・バスク地方発祥の外側を焦がしたベイクドケーキだ。「スペインは地図のどこ？」「バスクケーキってどんなものかな？」。モニターを使って基礎知識をお勉強した後はいよいよ料理だ。目の前に用意された材料に興味津々の子どもたち。武田さんの説明を待ちきれない様子の子も。卵割りに苦戦する子がいるとすかさず、「冷蔵庫には卵が20個もあるんだよ！ だから、何度失敗しても大丈夫‼」。武田さんが卵のパックを見せると「おお！」と声が上がり、笑いに包まれた。その後にはあちこちから力強く卵を割る音が。仕込みが終わり、焼き上がりを待つ間には、フラメンコ用のクラフトタンバリン作りなど楽しいイベントが用意された。そして出来上がり。武田さんから一人一人自作ケーキを渡された子どもたちは、みな少し誇らしげに見えた。付き添いの保護者と一緒にケーキを堪能してレッスンは終了。泣く子も騒ぐ子も立ち歩く子もいない、整然として温かい空気に包まれた時間だった。

「パパの誕生日に苺のケーキを作りたい」というのは５歳の女の子。お母さんも、「教室に通い始めてから、進んでお手伝いをするようになりました」とのこと。親子ともども「リトルシェフクッキング」のレッスンに手応えを感じている様子だ。

この教室には三つの約束があるという。一つ目は「失敗を恐れないこと」、二つ目は「お話をよく聞くこと」、三つ目は「諦めずに挑戦すること」。

話を聞いてもらうために、あまりお手本を見せることはしない。最後までやり遂げさせるために、決して急かさない。そして、武田さんが最も大事にしているのが「失敗は成功の一歩前」という信念だ。

武田さんは、大学卒業後、商社勤務、航空会社の客室乗務員を経て、30歳で起業、「リトルシェフ

「自分の力で作った」という達成感を経験してもらうため、材料は一人につき１セット

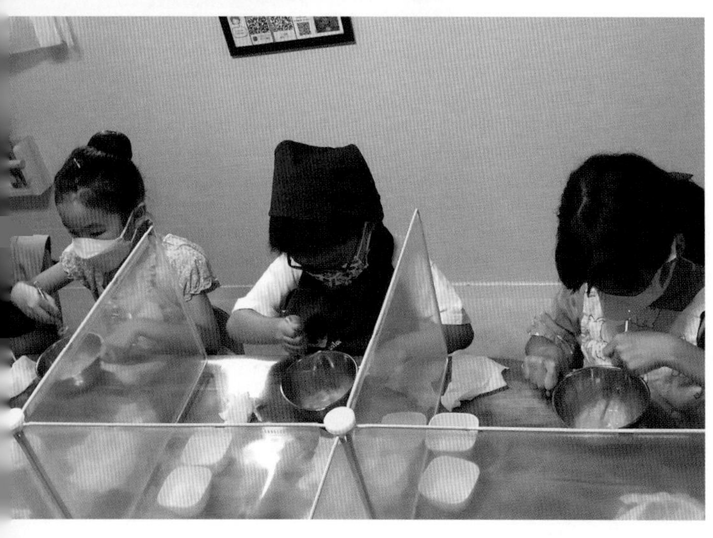

クッキング」を起こした。料理の道を選んだのは、フランス料理のシェフだった父親の影響だ。父と一緒に料理をした思い出が背中を押してくれた。そして、彼女のキャリアを支えてくれているのが、幼稚園の受験教室で教師をしていた母親という。その言葉が「失敗してもいいんだよ」。繰り返し語ってくれたこの言葉のおかげで、転職活動にも挑戦でき、今の仕事にも大いに生きている。武田さんにとってポジティブに生きるキーワードといえようか。料理を通してこの言葉を子どもたちに伝えたいというのが武田さんの思いなのだ。

「料理上手の子を育てたいとは思っていないんです。料理を通して『失敗は成功の一歩前』ということを学んでほしい。そうすれば、将来必ず生きていく力になっていくと思っています」

レッスンのブラッシュアップのため食育の研究にも取り組んでいる武田さん。リトルシェフたちのこれからの育ちも楽しみだ。

レッスン中は決して急かさず、子どもの意思を尊重して見守る

●たけだ・まさみ　リトルシェフクッキング代表取締役。子ども料理研究家。立教大学法学部卒業。日系航空会社にて客室乗務員をしながら、各地の料理や文化に触れ見聞を広める。フランスで料理の修業をしていた父の影響を受け、幼少期より料理を学び、フードコーディネーター、食育アドバイザー、幼児食インストラクターの資格を取得する。２人の子どもの母になり、子どもたちに料理の楽しさを伝えたいと強く願い、２歳から始められる料理教室を開催する。開講からのべ4,000人が受講。現在も毎月100人ほどの生徒が通い、新規も月20名ほど。片道２時間、新幹線で通う親子もいたほど人気教室となっている。 近著に『リトルシェフクッキング まほうのレシピ』（春陽堂書店）。

時空に遊ぶ
曼荼羅のいざない

Scene2 ◆ # 島　唄

［画・文］**フミ スギタニ**（ペン画作家）

2018年3月末、体を壊し退職。その後の人生を模索中にネットで偶然見かけた黒い紙にボールペンで描く曼荼羅アートに魅せられ自分でも描くようになった。私は曼荼羅アートを描いていると何も見えない暗がりに光を見いだしていくような気持ちになる。光を求めて私はこれからも描き続けていく。兵庫県を中心に個展やワークショップを開催し活動中。

Contents

特集

GIGAの日常化で変わる授業づくりの今とこれから

●基調論文――introduction

8　GIGAが日常化した段階における学びとは …… 中川一史

●論考――theme

12　GIGA日常化時代の授業づくりと子どもの資質・能力の育成 …… 小林祐紀

16　GIGAスクール構想1年でわかってきた教師が取り組みやすいICT環境 …… 佐藤和紀

20　従来の授業力とICT活用指導力の融合を図る教員研修 …… 北澤　武

●事例――session

24　子どもたちの意味や価値をつくりだす喜びを支えるICTの活用
――図画工作科の表現活動を例に …… 山田芳明

28　1人1台端末を活用した家庭科の授業実践 …… 熊本県山江村立万江小学校・山田小学校

32　創造性を育む学びの実現――特別活動と家庭学習を連動させて …… 千葉県柏市立手賀東小学校

36　持ち帰りを活用し、先生が教える授業から子供が学び取るための学習指導へ
…… 仙台市立錦ケ丘小学校

40　校内研究を核にした教員研修で、ICT活用技能格差を解消
…… 東京都中央区立阪本小学校

44　子どもが「学びとる」授業への転換
――子どもたちの創造力が発揮できる学びへ …… 熊本市立龍田小学校・熊本市教育センター

●提言――message

48　学習者中心の学習になぜICTは必要か …… 寺嶋浩介

連載

School Management―ニューノーマルの学校づくり

54　異見・先見　日本の教育
談志は教育者ではなかった …… ［落語家・作家］立川談四楼

62　ニューノーマルの校内研修［第2回］ …… 村川雅弘
対面に匹敵するオンラインワークショップを実現する

76　誌上ワークショップ!　目からウロコの働き方改革［リレー連載・第2回］
見える成果を挙げるために見えにくい部分に目を向ける …… 若林健治

78　直言　SDGs×学校経営～ニューノーマル時代のビジョンと実践～［第2回］ …… 住田昌治
SDGs for school management　ケアの溢れる持続可能な学校

84　生徒指導の新潮流［第2回］ …… 伊藤秀樹
子どもと保護者が参加する校則の見直しへ

Class Innovation―次代に向けた授業づくり

60　“普通にいい授業”を創る［第2回］ …… 奈須正裕
教科書と上手に付き合う

66　実践先進校レポート②
まち一丸、次代の学びを創る「白老未来学」の挑戦
…… 北海道白老町立萩野小学校・白老町教育委員会

80 学びの共同・授業の共創［第2回］……佐藤雅彰
授業の事例研究で大事にしていること（1）
――授業実践を見るということ、何を見るのか

86 未来を切り拓く総合的学習［Pioneer-No.2］
地域や仲間、多様な他者と心を通い合わせる探究的な授業づくり
……愛知県安城市立安城東部小学校／加納誠司

90 子どもが創る授業Ⅲ［第2回］……西留安雄
主体的・対話的で深い学びを実現させる子どもの育成
――津野町学力向上対策室10年の歩み　〈高知県津野町教育委員会教育振興監　髙石智子〉

Looking On-site―現場目線の人づくり

58 玉置崇の教育放談［第2回］……玉置　崇
学習評価「主体的に学習に取り組む態度」の形骸化が心配

75 教師生活が楽しくラクになる魔法の作戦本部［第2回］……諸富祥彦
「定時さん」でいい!

96 リレーエッセイ　校長のお部屋拝見　我が流儀生まれいづるところ
自分を見つめ、これからを共に考える校長室……［群馬県渋川市立古巻中学校長］髙橋　充

98 聞いて!　我ら「ゆとり世代」の主張［第2回］
子どもたちと歩む道……［岩手県奥州市立佐倉河小学校教諭］葛西もえ

Spécial à la carte―想い癒されて心づくり

52 “ふるさと”と私
失敗も成功も体験と経験が大事!……［タレント・医学博士］佐藤弘道

73 「こころ」を詠む［第2回］……髙柳克弘
「さくらんぼ…」

74 「教育漫才」笑劇場［2組目］……田畑栄一
おかあさん　あるある

カラーページ

1 子どもを変える神コーチ［第2回］
「失敗は成功の一歩前」。料理を通して生きる力を育てたい……［子ども料理研究家］武田昌美

4 時空に遊ぶ　曼荼羅のいざない［Scene 2］……フミ スギタニ
島　唄

117 一街一夜物語［第2回］……中村勇太
飯岡刑部岬（千葉県）

120 わが校自慢のゆるキャラ紹介［第2回］
フククル……福岡県春日市立春日東中学校

100 スクールリーダーの資料室
●教育のDXを加速する著作権制度～授業目的公衆送信補償金制度について～

GIGAの日常化で変わる授業づくりの今とこれから

GIGAスクール構想も２年目となり、子どもたちも教員も端末の活用には慣れてきた半面、その先のフェーズで何を目指すのか、どう変えていくのか、頭を悩ませている方々も多いことでしょう。本特集では、文房具のように日常的に活用できるICT環境を生かしたニューノーマルの授業の姿と、イノベーションで起こる近未来型授業を、育成すべき子どもの資質・能力とともに探っていきます。

● **基調論文**――introduction

GIGAが日常化した段階における学びとは

● **論 考**――theme

GIGA日常化時代の授業づくりと子どもの資質・能力の育成

GIGAスクール構想1年でわかってきた教師が取り組みやすいICT環境

従来の授業力とICT活用指導力の融合を図る教員研修

● **セッション**――session

子どもたちの意味や価値をつくりだす喜びを支えるICTの活用
――図画工作科の表現活動を例に

１人１台端末を活用した家庭科の授業実践
　熊本県山江村立万江小学校・山田小学校

創造性を育む学びの実現――特別活動と家庭学習を連動させて
　千葉県柏市立手賀東小学校

持ち帰りを活用し、先生が教える授業から子供が学び取るための学習指導へ
　仙台市立錦ケ丘小学校

校内研究を核にした教員研修で、ICT活用技能格差を解消
　東京都中央区立阪本小学校

子どもが「学びとる」授業への転換――子どもたちの創造力が発揮できる学びへ
　熊本市立龍田小学校・熊本市教育センター

● **提 言**――message

学習者中心の学習になぜICTは必要か

Introduction

GIGAが日常化した段階における学びとは

放送大学教授
中川一史

文部科学省が2020年に公開した、教育の情報化に関する手引（追補版）の「社会における情報化の急速な進展と教育の情報化」によると、「これからの学びにとっては、ICTはマストアイテムであり、ICT環境は鉛筆やノート等の文房具と同様に教育現場において不可欠なもの」としている。

GIGAスクール構想による１人１台端末環境の整備が進み、活用してから１～２年経過した。多くの学校で、日常的に端末を活用している報告を目にするようになった。

日常的な活用をどう加速化するか

文部科学省が2022年に公開した「GIGAスクール構想の下で整備された学校における１人１台端末等のICT環境の活用に関する方針について（通知）」によると、安全・安心な端末活用として、以下のように示している。

- 各学校においては、情報社会で適正な活動を行うための基となる考え方や態度を育む情報モラル教育の一層の充実を図ること。その際、自他の権利を尊重し、ICT端末等を適切に扱う責任を児童生徒が自覚できるよう指導を充実するとともに、課題に対処するために児童生徒が自分で考え、解決できるように指導を工夫すること。
- 児童生徒の発達段階や情報活用能力の習熟の程度により、一時的に端末やサービスの機能の一部を制限するような場合も想定されるが、活用に関する課題については、ICT 端末を積極的に活用する中で解決を図ることが重要であるため、こうした制限は、フィルタリングやネットワーク機能の設定を適切に行いながら、真に必要な場合にのみ、限定的に行うべきであること。
- やむを得ない事情により、一時的に端末の機能の一部を制限する必要が生じた場合には、関係者と緊密な調整を行い、保護者等の理解を得ながら実施すること。

ここでは、「～しない」というブレーキの部分だけでなく、児童生徒が自分で考え、解決できることや、自治体や学校がむやみに制限に走らないことが示されており、今後の活用の加速化には重要な示唆となっている。

また、日常的な活用は、授業場面だけでの活用ではないし、ましてや、持ち帰りも多くの自治体、学校でスタートしている中、教師の目を離れて活用することが少なくない。もちろん、学校では、情報活用能力などを教科・領域横断的にどう身に付けていくのかを個々の学校なりに進めていっているだろうが、一方で、保護者をどう巻き込むかということ抜きには語れない。ある自治体は、家で持ち帰った端末を何時まで使えるのかを話し合うようになっていたり、学校からの通信として、対症療法的なことではダメで子どもが自分で判断できる力を一緒につけるようにしていきましょうというメッセージを出し続けたりしている。保護者への理解をどのように得ていくのか、ともに安全・安心な端末活用のために協力していくのかについては、学校の実情や考え方もあるが、できるところから進めていくことが重要である。

3．2020年代を通じて実現すべき「令和の日本型学校教育」の姿

①個別最適な学び（「個に応じた指導」（指導の個別化と学習の個性化）を学習者の視点から整理した概念）

◆ 新学習指導要領では，「個に応じた指導」を一層重視し，指導方法や指導体制の工夫改善により，「個に応じた指導」の充実を図るとともに，コンピュータや情報通信ネットワークなどの情報手段を活用するために必要な環境を整えることが示されており，これらを適切に活用した学習活動の充実を図ることが必要
◆ GIGAスクール構想の実現による新たなICT環境の活用，少人数によるきめ細かな指導体制の整備を進め，「個に応じた指導」を充実していくことが重要
◆ その際，「主体的・対話的で深い学び」を実現し，学びの動機付けや幅広い資質・能力の育成に向けた効果的な取組を展開し，個々の家庭の経済事情等に左右されることなく，子供たちに必要な力を育む

指導の個別化

● 基礎的・基本的な知識・技能等を確実に習得させ，思考力・判断力・表現力等や，自ら学習を調整しながら粘り強く学習に取り組む態度等を育成するため，
・支援が必要な子供により重点的な指導を行うことなど効果的な指導を実現
・特性や学習進度等に応じ，指導方法・教材等の柔軟な提供・設定を行う

学習の個性化

● 基礎的・基本的な知識・技能等や情報活用能力等の学習の基盤となる資質・能力等を土台として，子供の興味・関心等に応じ，一人一人に応じた学習活動や学習課題に取り組む機会を提供することで，子供自身が学習が最適となるよう調整する

◆ 「個別最適な学び」が進められるよう，これまで以上に子供の成長やつまずき，悩みなどの理解に努め，個々の興味・関心・意欲等を踏まえてきめ細かく指導・支援することや，子供が自らの学習の状況を把握し，主体的に学習を調整することができるよう促していくことが求められる
◆ その際，ICTの活用により，学習履歴（スタディ・ログ）や生徒指導上のデータ，健康診断情報等を利活用することや，教師の負担を軽減することが重要

それぞれの学びを一体的に充実し
「主体的・対話的で深い学び」の実現に向けた授業改善につなげる

②協働的な学び

◆「個別最適な学び」が「孤立した学び」に陥らないよう，探究的な学習や体験活動等を通じ，子供同士で，あるいは多様な他者と協働しながら，他者を価値ある存在として尊重し，様々な社会的な変化を乗り越え，持続可能な社会の創り手となることができるよう，必要な資質・能力を育成する「協働的な学び」を充実することも重要
◆ 集団の中で個が埋没してしまうことのないよう，一人一人のよい点や可能性を生かすことで，異なる考え方が組み合わさり，よりよい学びを生み出す

● 知・徳・体を一体的に育むためには，教師と子供，子供同士の関わり合い，自分の感覚や行為を通して理解する実習・実験，地域社会での体験活動など，様々な場面でリアルな体験を通じて学ぶことの重要性が，AI技術が高度に発達するSociety5.0時代にこそ一層高まる
● 同一学年・学級はもとより，異学年間の学びや，ICTの活用による空間的・時間的制約を超えた他の学校の子供等との学び合いも大切

2

図1 2020年代を通じて実現すべき「令和の日本型学校教育」の姿

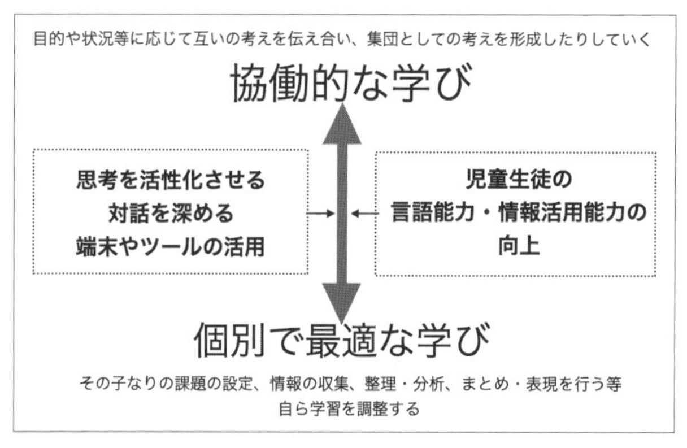

図2 「個別最適な学び」と「協働的な学び」をつなぐもの

学びの姿の再構築

2021年に公開された中央教育審議会の「「令和の日本型学校教育」の構築を目指して～全ての子供たちの可能性を引き出す、個別最適な学びと、協働的な学びの実現～（答申）」【概要】によると、2020年代を通じて実現すべき「令和の日本型学校教育」の姿として、「個別最適な学び」と「協働的な学び」の一体的な充実を目指すことが示されている（**図1**）。

「個別最適な学び」においても「協働的な学び」においても、端末をはじめとするICTは、さまざまな学習場面で有効に活用できる可能性がある。そして、学習の基盤となる資質・能力として学習指導要領に示されている、言語能力や情報活用能力とともに思考を活性化させたり対話を深めたりする端末やツールの活用も、「個別最適な学び」と「協働的な学び」をつなぐ役割を果たすことになるだろう（**図2**）。

2021年に内閣府から公開された「Society 5.0の実現に向けた 教育・人材育成に関する政策パッケージ<中間まとめ>」によると、子どもの特性を重視した学びの「時間」と「空間」の多様化として、資質・能力重視の教育課程への転換の視点を六つ示している。この中で、「主体」は、「教師による一斉授

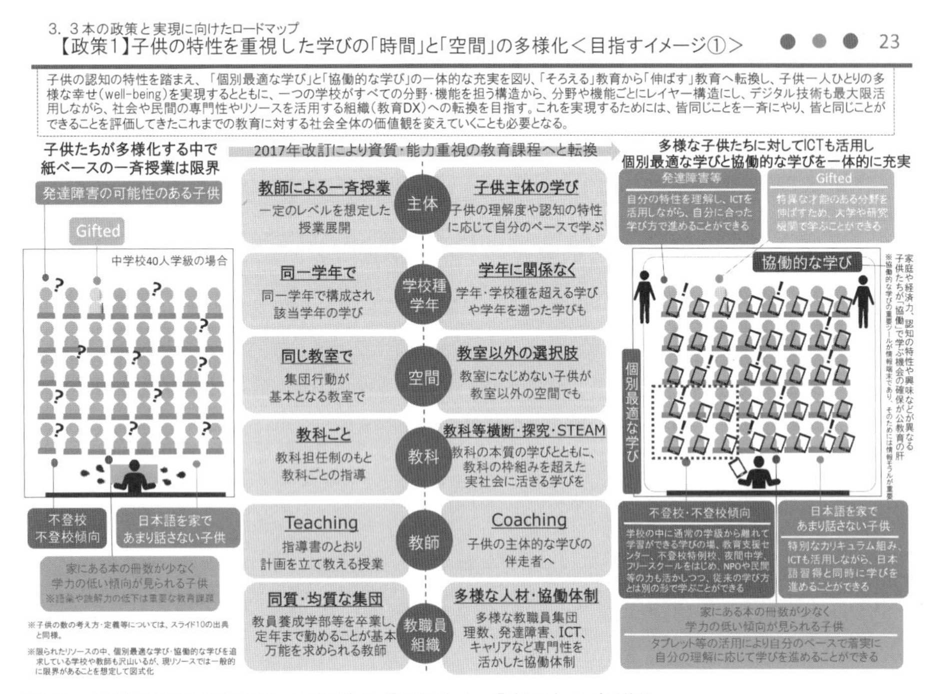

図3　子供の特性を重視した学びの「時間」と「空間」の多様化

業」から「子供主体の学び」へ、「教師」は、「Teaching」から「Coaching」へと提案している（図3）。

しかし実際には、多くの教育関係者が子ども主体の学びが重要ということには反対していなくても、従来の教師主導（すぎる）の授業スタイルから抜け出せないケースも少なくない。誤解を恐れずに言えば、教師がある意味もっと「不親切」になる必要があると考える。これまで、教師が良かれと思って手取り足取り「教え込む」ことがなかったか、そして、子どもは結果として思考停止に陥っていることがなかったか、今一度、ふりかえってみることが重要ではないだろうか。

もちろん、思考停止にならないために、「個々の子どもが学びの素地の知識をどこまで持っているかを把握しているか」「自ら判断し切り拓いていく力をつけているか」、そして「学びを拡張する環境がどこまで用意されているか」などの周辺保障は必要になる。

拡張から変容へ

図4は、Ruben R. Puentedura氏が10年以上前に示したSAMRモデルというテクノロジーとの関わり方の段階を示したものである。この図は、日本でもさまざまな研究者や実践者が引き合いに出している。1人1台端末が整備されて、今後、どのように進むべきか、その示唆に富んでいるからである。特に重要なのは、この図の第一段階・第二段階と、第三段階・第四段階の間に1本線が引かれていることである。

第一段階・第二段階がいわゆる従来のICT活用効

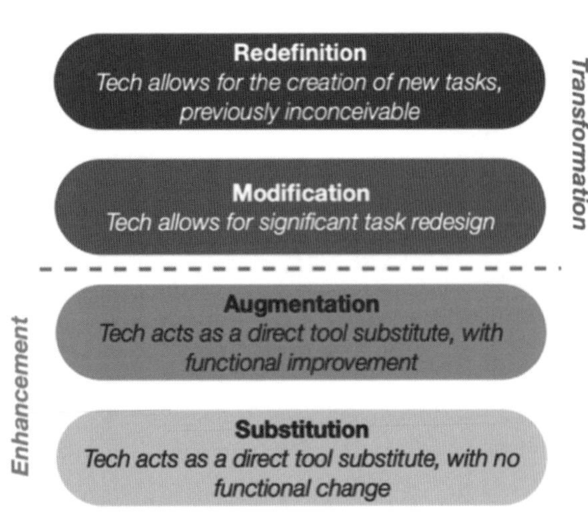

図4　SAMRモデル

果を示すもの、つまり、これまでの枠組内での増強・拡張であるのに対し、第三段階・第四段階では、枠組み自体の変革を目指している。例えば、筆者はよく「はい端末出して問題」と呼んでいるが、決まったタイミングにおいて、全員で同時に端末を出して同じアプリで活用し、必要なくなったら全員でしまう。こういう授業場面によく出くわす。もちろんそれが悪いことだとは言わないが、いつまでこの形式オンリーなのか、ということだ。これは第二段階においては大事な場面にはなるだろうが、必要だと感じた子が適切だと判断したアプリでまとめる。そういうことはいつから許されるのだろうか。

筆者が感じる「2.5段階（図４の点線のところ）の壁」を乗り越えられるのはいつになるだろうか。まさに今後はここを問われることになるだろう。

GIGAスクール構想とは何か。

文部科学省的には、１人１台端末環境の整備であろうが、「これまでの授業方法、教科書の位置付け、教師の役割、学校のあり方、児童生徒にとってのツールとの関わりを再考・再構築するきっかけ」であると筆者は定義したい。この流れを授業改善や学校改革に活かすのか、余計なものがやってきたと考えるのか、学校や教師はそこを問われている。

[参考文献]

- 中央教育審議会（2021）「「令和の日本型学校教育」の構築を目指して～全ての子供たちの可能性を引き出す、個別最適な学びと、協働的な学びの実現～（答申）」【概要】
  https://www.mext.go.jp/content/20210126-mxt_syoto02-000012321_1-4.pdf(2022.06.30取得)
- 内閣府 総合科学技術・イノベーション会議 教育・人材育成ワーキンググループ（2021）「Society 5.0の実現に向けた 教育・人材育成に関する政策パッケージ<中間まとめ>」
  https://www8.cao.go.jp/cstp/tyousakai/kyouikujinzai/chukan.pdf（2022.06.30取得）
- Ruben R. Puentedura（2010）SAMR and TPCK: Intro to Advanced Practice
  http://hippasus.com/resources/sweden2010/SAMR_TPCK_IntroToAdvancedPractice.pdf#search=%27Ruben+R.+Puentedura%282010%29+SAMR+and+TPACK%27（2022.06.30取得）

Profile

なかがわ・ひとし　放送大学教授、博士（情報学）。日本STEM教育学会副会長。中央教育審議会初等中等教育分科会「個別最適な学びと協働的な学びの一体的な充実に向けた学校教育の在り方に関する特別部会」（委員）、内閣府「青少年インターネット環境の整備等に関する検討会」（座長代理）、文部科学省委託「デジタル教科書の効果・影響等に関する実証研究事業」有識者会議（主査）などを歴任。全国の自治体や学校のICT活用や情報活用能力育成の指導・助言にあたる。

theme 1

GIGA日常化時代の授業づくりと子どもの資質・能力の育成

茨城大学准教授
小林祐紀

持続可能な社会の実現に向けて

子どもたちが社会づくりの担い手となり、生きていくこれからの時代のイメージを、私たちはまず共有する必要がある。例えば世界人口は、アジア・アフリカの人口増を中心に2050年には98億人、2100年には112億人に達すると予測されている。一方で我が国の人口は、すでに2004年にピークアウトし、その後減少の一途をたどっていく。減少のスピードは極めて速く、2050年には9500万人となり、ちょうど今の目の前にいる子どもたちが、その生涯を終えようかという2100年、我が国の人口はいよいよ5000万人を割り込む。さらにコロナ禍等の様々な要因によって、人口減少の速度が予測を上回った場合の低位推計では、4000万人を下回ると予測されている。人口が現在の1/3になったとき、我が国の様子は一変するにちがいない。急激な人口減少社会を、私たち大人は誰一人として経験していない。基本的に私たち大人が経験した世の中は、人口増加と共に経済発展を果たしてきた世の中であり、親世代を概観すれば自らの人生設計のイメージが描きやすい時代であった。世界各国の中でも、これほどまでの急激な人口減少局面を迎えるのは、我が国がおそらく初めてであり、さらにこれまで以上に価値観が多様化し、高度に情報化、国際化した社会が到来することは容易に予想がつく。

このような世の中において、どのような問題が起こりうるかを予測することは、極めて困難といえよう。また、アジア・アフリカの人口増から人獣共通感染症は今後も十分に起こりうると予測できるが、予測できる課題であったとしても、解決は一筋縄にはいかない。したがって、一人一人が自分事として、多様な背景を持つ他者と協働し、手持ちの使えるものを駆使して、地道に課題の解決に取り組むことが重要となってくる。これからの社会づくりを担う子どもたちには、多様なアプローチを通じて持続可能な社会を実現することが期待されているといえる。学習指導要領前文においては、以下のように示されており、学校教育において、持続可能な社会の創り手の育成という大きなビジョンを、私たちが共有することの必要性を確認できる。

> これからの学校には、こうした教育の目的及び目標の達成を目指しつつ、一人一人の児童が、自分のよさや可能性を認識するとともに、あらゆる他者を価値のある存在として尊重し、多様な人々と協働しながら様々な社会的変化を乗り越え、豊かな人生を切り拓き、持続可能な社会の創り手となることができるようにすることが求められる。
>
> （「小学校学習指導要領」前文p.15）

探究的な学びの推進に不可欠な情報活用能力

読者諸氏もぜひ考えてみてほしい。前節において共有したこれからの時代のイメージにおいて、必要となる能力はどのようなものだろうか。

各人が思い浮かべた能力は実に多様であろうが、ある分野に限定された特定の知識や技能ではないという共通性を見いだせると想像する。おそらく、課題解決能力、コミュニケーション能力、自ら学びを推進する力等の大きな枠組みの能力（資質・能力、コンピテンシー）ではないだろうか。しかしながら、資質・能力は大きな枠組みであるがゆえに実態を捉えがたい。そこで学習指導要領においては、世界の教育の潮流と同様に、基礎的リテラシー、認知スキル、社会スキルという3つの柱で整理されている（図）。

学校教育という限られた時間の中で、資質・能力を効率的・効果的に子どもたちが獲得していく際に、それぞれを個別に取り出して指導していては効率が悪く時間が足りない。その上、取り出すことが限りなく困難であるものも多い。例えば知識や技能の運用能力とも考えられる認知スキルは、リアルな場に身を置くことで発揮され、獲得される能力であろう。自分事として取り組む姿勢も、教師から強制することはアクティブ・ラーナーとは真逆のパッシブ・ラーナーを増やすことにもつながりかねない。

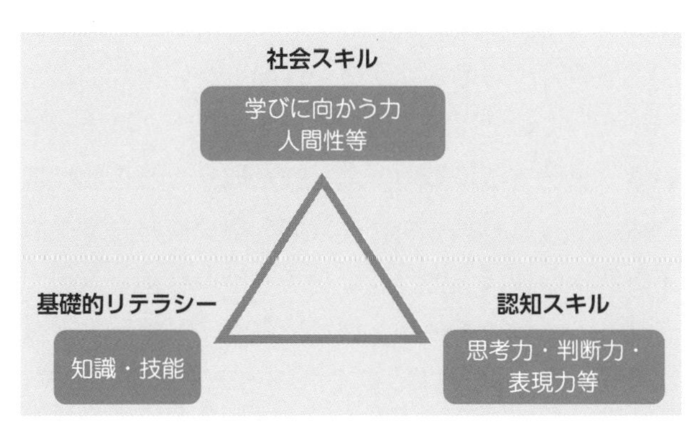

図　文部科学省（2017）「新しい学習指導要領の考え方―中央教育審議会における議論から改訂そして実施へ―」(https://www.mext.go.jp/a_menu/shotou/new-cs/__icsFiles/afieldfile/2017/09/28/1396716_1.pdf) p.15をもとに筆者作成

それでは、資質・能力を一体的に指導できる効率的・効果的な学び方とは何か。

それは「探究的な学び」である。学習指導要領において、探究的な学びは教科を問わず重視される学び方であり、例えば高等学校においては「理数探究」「古典探究」「総合的な探究の時間」等のような新設された科目名からも重視されていることがうかがえる。そして探究的な学びを展開する際に、学習の基盤となる資質・能力に位置づけられたものの1つが「情報活用能力」である。以下に示すように、情報活用能力は探究的な学びの典型的な展開例である「調べて、まとめて、伝える」という学習活動と密接に関連しており、このような学習活動を経験する中で獲得されたり、発揮されたりする能力といえる。

> 情報活用能力をより具体的に捉えれば、学習活動において必要に応じてコンピュータ等の情報手段を適切に用いて情報を得たり、情報を整理・比較したり、得られた情報を分かりやすく発信・伝達したり、必要に応じて保存・共有したりといったことができる力
>
> （「小学校学習指導要領解説 総則編」p.50）

他の学習場面に転移可能な5つの活用

したがって、GIGAスクール構想によって整備された1人1台端末は、「とにかく使ってみる」段階を通じて得られた「よりよい活用」の実践知をもとに、探究的な学びを具体化する過程において活用していきたい。探究的な学びは、還元するならば、子どもたちが学び取る授業ともいえ、そのような学びの中では、多様な場面での活用が想定される。茨城県内の小中学校の教員と共に、1人1台端末を活用した実践を持ち寄り議論する中で、他の学習場面に転移可

能な５つの活用を見いだすことができた。

●カメラ機能の活用
●日常的なプレゼンテーションの実施
●レポート制作、ホワイボードアプリ等の活用
●自己評価、振り返りにおける活用
●コンテンツの活用

カメラ機能は、学校種や学年に関係なく多くの活用場面を想定できる。例えば、２年生の算数科において、身の回りにある形（三角形や四角形）を見つける際に、カメラ機能を活用したり、生活科の町たんけんにおいて、気になった場所やインタビュー動画を撮影したりする活用例である。高学年や中学校では、理科の実験の様子を撮影し考察に活用する事例を確認できる。このように、撮影された画像や動画は、その後、伝える学習活動（プレゼンテーション）に活用されることが多い。カメラ機能は、撮影するだけに留まらず、日常的なプレゼンテーション等の多様な展開を期待できる。また、スライドに意見を書き込んだり、調査活動で見つけた情報をすぐに他者に伝えたりする等のカメラ機能を用いない日常的なプレゼンテーション場面も豊富に見いだされる。

スライド等を使ったレポート制作やホワイトボードアプリの活用は、協働的な学びを展開しやすい。学校教育向けの専用アプリ以外にも、小学校高学年や中高生であれば一般的な書類作成やスライド作成アプリを使用可能と考えられるため、端末の機種を問わず実践できる。同じ位置に複数枚の写真をレイアウトしたり、表やグラフを用いたりすることも容易にでき、加えて実験映像等の動画を載せることができるため、表現が豊かなものとなる。他にも発展形として、カメラ機能の活用と合わせて動画制作等の事例がすでに報告されている。ホワイトボードアプリでは、表現することだけに留まらず、意見の書かれたカードを出し合い、分類・整理したり、評価・吟味したりする学習活動が想定される。

自己評価や振り返りは、授業改善の視点として示されている「主体的・対話的で深い学び」の中でも、主体的な学びや深い学びに関わる重要な学習活動である。内容知と方法知の両方を振り返ることで、学び方のスキルを獲得し、学びを自己調整する能力の獲得につながるとされる。この能力が「学びに向かう力」の中核である。具体的な学習経験に対して、内省し、次回以降の課題だけに留まらず、よく学べた術や他の場面においても適用可能な知見等の教訓を引き出し、来るべき新しい状況に適用するといった振り返りのサイクルを意識し実践していくことが肝要である。その際、選択式や自由記述から構成されるフォームを教師が作成し、子どもたちは１人１台端末を活用して入力する。フォームを用いることで継続的に実施しやすくなり、継続できることはデータの蓄積につながる。蓄積されたデータはデジタルであるから計量的に扱いやすくなり、蓄積されたデータを見直す機会を設定することで、子どもたちは自らの成長や次への課題を自覚できるようになるだろう。また教師にとっては、授業改善の手がかりを得ることにもつながる。

最後にコンテンツの活用について、GIGAスクール構想では、高速大容量で安定したネットワークが整備されている。そこで見直したいのが、デジタル教材の活用である。中でも、質の高いコンテンツが豊富に用意されている代表例としてNHK for Schoolがある。近年では、プログラミングや情報活用能力、STEM教育に対応した番組が展開され、探究的な学びにおいての活用可能性がこれまで以上に高まっている。視聴方法においては、従来通り一斉視聴による活用も考えられるが、探究的な学びにおいて１人１台端末の環境を十分に生かすのであれば、番組やクリップ（短い動画）を指定できるプレイリスト機能を使って、課題に応じてグループで視聴したり、家庭において視聴する課題をもとに反転学習を実施してみたりする等も考えられる。すでに複数の事例が報告[1]されているのでぜひ参考にしてほしい。

教師の成長を促すフィードバック

これまでのわかりやすく教えることを主とした実証主義から、自分事として問題に関わり探究的に学びを深めていく構成主義へと、教師自身の授業観を更新（アップデート）する必要がある。しかしながら、新しく何かに取り組むことは誰しも不安であり、多大な時間と労力を要する。そこで、総合的な学習（探究）の時間のように長い時間をかけて実施する探究的な学びを志向するのではなく、まずは各教科におけるミニ探究的な学びから始めることをおすすめしたい。学習単元をミニ探究的な学びとしてデザインできればよいが、はじめの一歩としては、学期に数回、単元末のまとめを３時間程度かけてミニ探究的な学びとして始めるのがよいと考えている。

そして探究的な学びが動き出した際に、学校設置者、管理職、ミドルリーダー教員はそれぞれの立場から、各学校や各教員の取組状況を評価し、適切なフィードバックを実施することが重要である。大人の学びには「７・２・１」の法則があると指摘されている。７割を経験から学び、２割を先輩や上司からの助言及びフィードバックから学び、１割を研修（トレーニング）から学ぶという。この法則に従うならば、探究的な学びやICT活用に関する研修を、ただ闇雲に設定すればよいのではなく、授業者である教師の自主的な取組を促し、適切な助言及びフィードバックを実施することがより重要といえるだろう。例えば、教員のICT活用指導力チェックリスト[2]の結果を確認すると、大項目C「児童生徒のICT活用を指導する能力」において、探究的な学びに深く関係する小項目C- 4「児童生徒が互いの考えを交換し共有して話合いなどができるように、コンピュータやソフトウェアなどを活用することを指導する」は、例年、最も肯定的な回答割合が低い項目である。各学校あるいは教員個人において、小項目C- 4が前年度と比較してどの程度変化したのか、変化の度合いを着実に捉え、具体的な事実をもとに成長を促すフィードバックを行うことが、次の実践へのモチベーションへとつながっていく。探究的な学びを継続する中で、教師自身は自分自身の授業スタイルの変化によって生じた、子どもたちの変容を実感する。子どもたちの変容に加えて、教師自身の成長の自覚を促すきっかけがフィードバックなのである。

また情報活用能力に代表される資質・能力は、多様な場面で育まれる。だからこそ、年間を通じて各教科をつないで育成を図っていく。この営みはまさに、カリキュラム・マネジメントである。学校として教科を横断し学年の系統性を見据えながら、カリキュラム・マネジメントを実現するためには、管理職、ミドルリーダー教員等の果たす役割が重要であることはいうまでもない。

［注］

1　NHK for School×タブレット端末活用研究プロジェクト著、中川一史・今野貴之・小林祐紀・佐和伸明監修『タブレット端末を授業に活かすNHK for School 実践事例62』NHK出版、2018年

2　「教員のICT活用指導力チェックリスト」https://www.mext.go.jp/a_menu/shotou/zyouhou/detail/1416800.htm

Profile

こばやし・ゆうき　公立小学校教諭を経て2015年４月より現職。専門は教育工学、情報教育、ICTを活用した実践研究。文部科学省 ICT活用教育アドバイザー、文部科学省委託事業「小学校プログラミング教育の円滑な実施に向けた教育委員会・学校等における取組促進事業」委員等を歴任。主著『カリキュラム・マネジメントで実現する学びの未来 STE（A）M教育を始める前に［カリキュラム・マネジメント実践10］』（中川一史・小林祐紀・兼宗進・佐藤幸江編著・監修）翔泳社（2020)、『小学校プログラミング教育の研修ガイドブック』（小林祐紀・兼宗進・中川一史編著・監修）翔泳社（2019）ほか。

theme 2

GIGAスクール構想１年でわかってきた教師が取り組みやすいICT環境

信州大学准教授
佐藤和紀

二極化する学校

2021年の４月から始まった GIGA スクール構想は１年が過ぎた。この間、数多くの自治体、学校では研修が盛んに行われてきた。しかし、この１年間で児童生徒の情報端末の活用が進んだ学校と、GIGAスクール構想前とほとんど変わらなかった学校の二極化が進んでいる。もちろん、これまでコンピュータ室にしかなかった情報端末が全ての教室にあって、全ての児童生徒が使えるわけだから、軽重あるが以前よりもはるかに活用が進んでいることは間違いではない。ここでいう二極化とは、ほぼ毎時間活用されている学校と、週に数回しか活用されていない学校のことをいう。当然、毎日、児童生徒が活用した方が、情報活用能力の基礎としてのICTスキルは高まり、そして毎日活用していれば、必ずと言ってよいほど失敗をする。失敗をすることで、情報モラルに関する知識の習得や姿勢・態度の涵養につながるだろう。そして、やがて、子どもたちは、状況に応じて、先生の指示ではなく、自分の判断でアプリケーションを選択できるようになっていく。

では、毎日のように児童生徒が情報端末を活用する学校では、どのような状況になっているのだろうか。

進む学校

写真１は、今年2022年６月に撮影されたものである（長野県坂城町立坂城小学校）。２年生がGoogleクラスルームを慣れた手つきで操作し、授業の学習目標や学習過程、共有されたクラウド上のファイルを確認している。この後、子どもたちはGoogleクラスルームに書かれた学習過程に従って学習に取り組んだ。このクラスを担任するベテランの女性は、昨年度は１年生の担任として、やはり、同時期にはすでに子どもたちに活用させていた。入

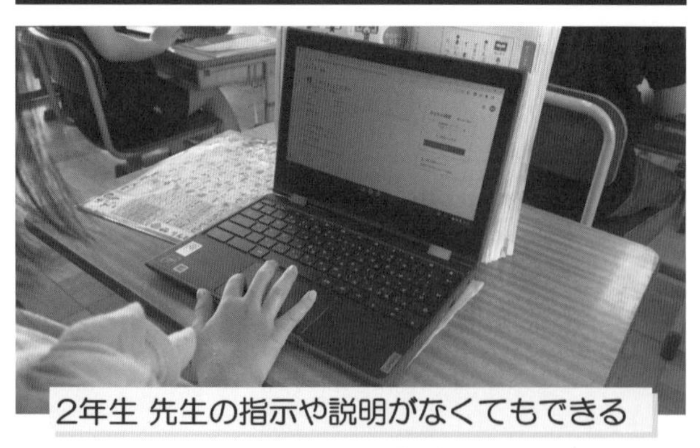

写真１　先生の指示がなくても情報端末を活用する２年生

学して２か月の子どもたちだが、先生の話をきちんと聞く姿勢となり、先生の指示や説明に従って、算数の復習を一人で取り組み、その後ペアになって確認していた。このようにして１年間、継続して活用してきた結果、子どもたちは先生の指示がなくても取り組めるようになっていった。「低学年ではできない」と言う教師はたまにいるが、それはICTが難しいのではなく、そのベースとなる学級経営や教師の働き方に課題があるように思う。

写真２は、今年2022年２月に担任の先生がオンライン上でスクリーンショットしたものである（栃木県壬生町立睦小学校）。担任の先生が新型コロナウイルスに感染し、学級閉鎖となり、児童も家庭で学習に取り組むことになっていた。この期間、担任の先生は、GoogleクラスルームやGoogleチャットを通して、子どもたちへ、家庭学習の時間割を示した。子どもたちはクラウド上で情報を確認し、適宜、学習に取り組んでいることを報告し、担任の先生がクラウド上でチェックや指導やアドバイスをしながら取り組んだ。

写真は４年生の総合的な学習の時間において、児童自らがめあてを設定し、学習過程や学び方を判断して活動に取り組む中で、２名の児童はチャットでやりとりをしながら「この時間は二人で課題を進めていく」ことを決め、子どもだけでGoogle Meetを立ち上げ、Googleドキュメントを画面共有して相談し合っている様子である。このことはもちろん担任はチャットを通して２名から連絡が入っており、担任が時々Meetに入って指導していた。まさに主体的・対話的な学習活動である。子どもたちがここまで自在にICTを活用できるようになったのは、言うまでもなく、日々の取組の成果であるが、さらに子どもがその日の学習の仕方を自己決定している「学習の個性化」まで取り組まれていることのほうが着目すべきである。

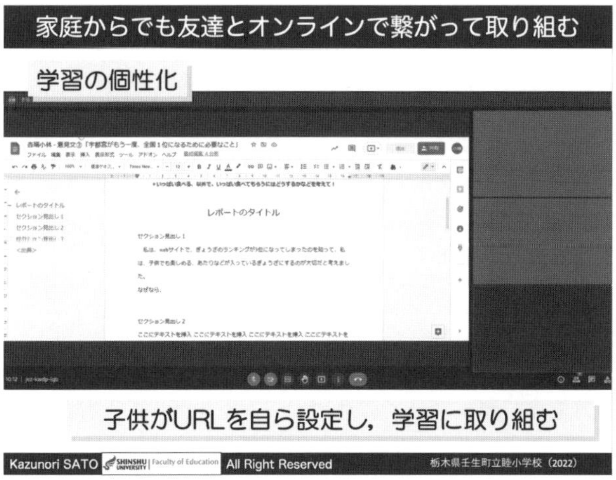

写真２　児童自らがオンラインで議論する

これまでも、子どもが自ら課題を設定し、学習を進めていくような学習は、一部の地域や学校でも取り組まれてきた。しかし、１人１台の情報端末でクラウドを活用することによって、教師は子どもたちのことをモニタリングしやすくなり、一人一人の状況を判断して指導できたり、子どもたち同士で協力したりしやすくなった。これまでの学習環境では、子ども一人一人にとって最適な学習の機会を設定しにくく我慢してきた教師たちが、１人１台の情報端末が整備されたことをきっかけに、子ども一人一人を大事にできる実践を一気に加速させているようにも見える。

このように情報端末の活用が進んでいる学校は、学習指導要領が目指す「主体的・対話的で深い学び」の実現のためのインフラとしてのGIGAスクール構想を十分に理解し、単なるICT活用に止まらず、より子どもの主体性を目指した取組を展開している。

進まない学校

一方、情報端末の活用があまり進んでいない自治体や学校もある。また、担任が替わると急にICTが活用され始めたり、逆に全く活用されなくなったりすることがある。GIGAスクール構想で整備された情報端末は、主体的・対話的で深い学びの実現のためのインフラとして、あるいは学習の基盤となる資質・能力となる情報活用能力を育成するために活用される。特に後者は、学習指導要領にも明記されており、全ての教師が実施しなければならないはずである。情報端末の活用があまり進んでいない学校では、例えば、**写真3**のような配付物が未だにクラウドで調査されていない。情報端末の活用が進んでいる学校では、保護者への配付物や調査などは、クラウドに置き換わっている。日常で教師が校務・業務でクラウドを活用することを通して、教師たちはクラウドの感覚を掴み、授業を着想できるようになるためだ。

このような二極化は、2020年3月3日に文部科学省から公開されている「GIGAスクール構想の実現標準仕様書」に基づいてICT環境が整備されているかどうかも影響している。児童生徒1人1台の情報端末が2021年4月までに整備されるように計画的に取り組まれ、かつ学校中の教師や児童生徒の全員が一斉にインターネットを活用したとしても回線速度が遅くならないための速度かどうかも重要なポイントとなる。

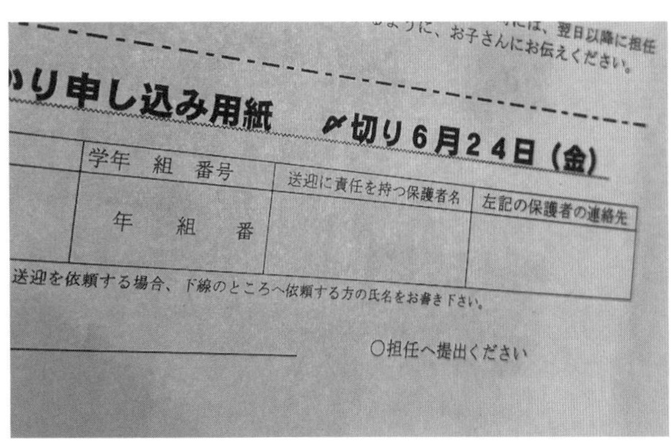
…ように、お子さんにお伝えください。…は、翌日以降に担任
…り申し込み用紙　〆切り6月24日（金）

学年　組　番号	送迎に責任を持つ保護者名	左記の保護者の連絡先
年　組　番		

送迎を依頼する場合、下線のところへ依頼する方の氏名をお書き下さい。
○担任へ提出ください

写真3　紙で配付される保護者への調査用紙

校務・業務から教師が慣れ、許容する環境を

児童生徒が1人1台の情報端末を活用した実践をするためには、教師が、児童生徒1人1台の情報端末を活用しながらクラウドにデータを保存したり、複数人で同じファイルにアクセスしてリアルタイムで共同編集に使ったりすることに慣れる必要がある。例えば、教員研修で、授業実践ではどのように1人1台の情報端末を活用すればいいのかを学んでも、すぐに授業実践には結びつかない。研修でねらったように先生が活用できるためには、校務・業務で活用している必要があるだろう。

図1に校務・業務でのクラウドの活用を示した。重要なことは、最終的に子どもと教師が使うアプリケーションが同じになっていくことである。校務支援システムでしかできないことは、これまでと同様に校務支援システムを活用し、校務支援システムではなくとも可能な業務は、子どもたちにも提供されているGoogleやMicrosoftなどの汎用アプリケーションで取り組む。例えば、ICTを苦手と思う先生が、いろいろなアプリケーションを活用しないといけないとしたらどうだろうか。校務と授業でアプリ

校務・業務でクラウドを活用し，感覚を養う

1. アンケートなどの調査は学校内外，教員間を問わず，クラウドで行っていく
2. 職員会議等では，クラウドで提案されたり，コメントや修正がリアルタイムで行ったりしていく
3. 教員間の日常的な連絡調整はクラウドで行っていく
4. 保護者への連絡や通知はクラウドで配信していく
5. 児童生徒の出欠席の連絡や検温など，家庭や保護者から発信される情報はクラウドで行っていく
6. 教職員は，学校以外からもクラウドにアクセスしたり，オンラインMTGをしたりして授業準備や校務に取り組んでいく
7. 子どもと教師が使うアプリケーションを一緒にしていく

先生の校務・業務での活用から児童生徒のICT活用へ

図1　校務・業務でのクラウド活用のポイント

theme 2

GIGAスクール構想1年でわかってきた教師が取り組みやすいICT環境

ケーションが違えば大変な思いをするだろう。だからこそ、校務・業務でも授業でも可能な限り同じアプリケーションを活用していくことが必要となるだろう。重要なことは、教師が慣れること、教師に負荷をかけないよう、活用するアプリケーションを可能な限り絞っていくことであって、多くを提供しないことである。

写真4は、体育の器械運動で三点倒立に取り組む児童が情報端末を活用する様子である（愛知県春日井市立松原小学校）。この先生は、Googleスプレッドシートを児童の端末に共有して、児童は三点倒立ができるようになるためのステップ1からステップ7のプロセスにおいて、自分のレベルに応じた動画を視聴し練習していた。個別最適な学びのうちの「指導の個別化」の優れた取組であると言える。動画をGoogleクラスルームに共有することが多いが、この先生はGoogleスプレッドシートに慣れていて、やりやすいと感じているのである。先生なりの慣れ方で、先生なりの取り組みやすさを優先して、実践していることに価値がある。

「こういう実践はこのアプリケーションでやらなければならない」としたところで、取組まで繋がらなければ価値のある情報とは言いがたい。先生が校務や業務で慣れ、授業実践ができるのであれば、これが正解なのであろう。そして取組を繰り返すことで、先生にも子どもにも工夫が生まれ、精緻化されていくのであろう。

このような学校では、体調が優れず欠席した児童もクラウドから学習に参加する姿も見られる。つまり、多様性を尊重し、いつでもどこからでも学習に参加することを許容しているのであろう。多くの自治体では、できることを制限していることが文部科学省の調査でも分かっている。しかし、それでは子どもはいつになっても情報活用能力は身に付きにくいし、失敗をさせなければ情報モラルに関する知識も態度も形成されにくいし、何よりも多様な子どもたちへの学びの保証は難しい。実現したい実践ができないと嘆く教師もいる。もちろん必要なものは準備するとして、その上で、教師が慣れ、取り組みやすさを感じる環境こそが、最良なICT環境と言えるだろう。

子供一人一人，力も違うし，習得にかかる時間も違う

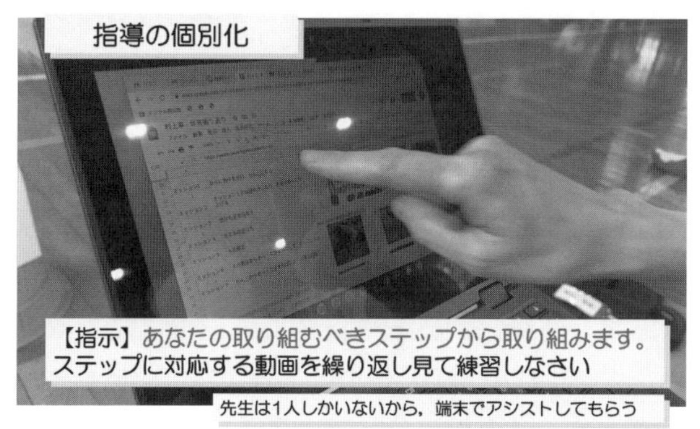

Kazunori SATO SHINSHU UNIVERSITY Faculty of Education All Right Reserved 愛知県春日井市立松原小学校（2022）

写真4　教師が慣れたアプリケーションを活用する児童

欠席児童もクラウドから参加

多様な子供への対応

問題①

日常的に学びの機会を提供する
環境を作っておく

Kazunori SATO SHINSHU UNIVERSITY Faculty of Education All Right Reserved 愛知県春日井市立松原小学校（2022）

写真5　欠席児童もクラウドを経由して学習に参加する

Profile

さとう・かずのり　1980年長野県出身。2006年より東京都公立小学校・主任教諭、2017年より常葉大学教育学部・専任講師等を経て、20年より信州大学教育学部。18年東北大学大学院情報科学研究科・修了、博士（情報科学）。文部科学省「教育の情報化に関する手引」執筆協力者、同「GIGAスクール構想に基づく1人1台端末の円滑な利活用に関する調査協力者会議」委員等。

theme 3

従来の授業力とICT活用指導力の融合を図る教員研修

東京学芸大学教授
北澤　武

従来の授業力とICT活用指導力を向上させる教員研修とは

文部科学省のGIGAスクール構想の実現により、児童生徒１人１台端末が普及した。これに伴い、児童生徒が各教科等の目標を達成するために、１人１台端末を活用しながら、主体的・対話的で深い学びを実現する授業実践が教員に求められるようになった。

しかしながら、文部科学省（2021）の全国の教員を対象とした調査結果より、「授業にICTを活用して指導する能力」のうち、「知識の定着や技能の習熟をねらいとして、学習用ソフトウェアなどを活用して、繰り返し学習する課題や児童生徒一人一人の理解・習熟の程度に応じた課題などに取り組ませる（65.4%）」「グループで話し合って考えをまとめたり、協働してレポート・資料・作品などを制作したりするなどの学習の際に、コンピュータやソフトウェアなどを効果的に活用させる（62.3%）」の項目について、「できる」もしくは「ややできる」と回答した教員の割合が６割程度と他の項目よりも低い値を示した。さらに、「児童生徒のICT活用を指導する能力」のうち、「児童生徒が互いの考えを交換し共有して話合いなどができるように、コンピュータやソフトウェアなどを活用することを指導する（61.2%）」もまた、同様の結果であった。

以上より、各教科等の目標を達成させることに貢献する協働学習の場面において、児童生徒１人１台端末に搭載されているコンピュータやソフトウェアをどのように活用すれば効果的な学習活用が展開できるかを教員が理解し、自信を持って指導できるようにする教員研修が求められる。だが、協働学習の場面における児童生徒１人１台端末の活用方法のみに着目した教員研修とすると、端末の活用が目的となってしまい、かえって指導力の低下に陥りやすい。児童生徒１人１台端末は「各教科等の目標を達成させる」ことが目的であることを強調することや、従来の授業力として求められる「教材研究」や「めあて（学習問題や問い）」、「板書計画」などと併せて事例を示し、実際に指導の体験をすることが教員研修に求められる。

教育委員会主導の教員研修について

各教科等の目標を達成するICT活用指導力を高めるに際し、ICT活用の段階を考慮する必要がある。三井（2020）は、Puentedura（2006）のSAMRモデルを基に、児童生徒の端末の活用方法の段階を示している。具体的に体育の跳び箱を例にすると、次のようになる。

1）代替（Substitution）：機能的な拡大はなく、従来ツールの代用。跳び箱の試技を動画撮影するなど
2）拡大（Augmentation）：従来のツールの代用になることに加え、新たな機能の付加。撮影した動画に良い点や改善点を書き込むなど
3）変形（Modification）：実践の再設計を可能にすること。撮影した動画を学級内で共有し、手本として練習するなど
4）再定義（Redefinition）：以前はできなかった新しい実践を可能にすること。グループウェア内で撮影した動画の相互評価やポートフォリオとして蓄積するなど

教育委員会主導の教員研修は、対象が様々である。例えば、初任者研修やICT活用指導力が乏しい教員を対象とする教員研修の場合は、「1）代替」や「2）拡大」に焦点化し、児童生徒1人1台端末に搭載されているソフトウェアを知り、ノートやワークシートの代わりになったり、これらでは記録できないが端末であれば記録できたりする方法（画像や動画や音声など）の習得を目的とする教員研修が考えられる。

一方、各学校の情報担当教員、あるいは教務主任を対象とする教員研修の場合は、既に「1）代替」や「2）拡大」を習得している教員が多いと予想される。したがって、「3）変形」「4）再定義」に焦点化した授業実践例の提示と指導方法の習得、各学校での啓蒙活動の普及を目的とする教員研修が考えられる。

2021年度と2022年度、筆者は複数の自治体で、小中学校の情報担当教員や教務主任を対象とする「3）変形」「4）再定義」に焦点化した教員研修を、受講者が1人1台端末を所持したオンラインや対面形式で行ってきた。この教員研修の冒頭では、

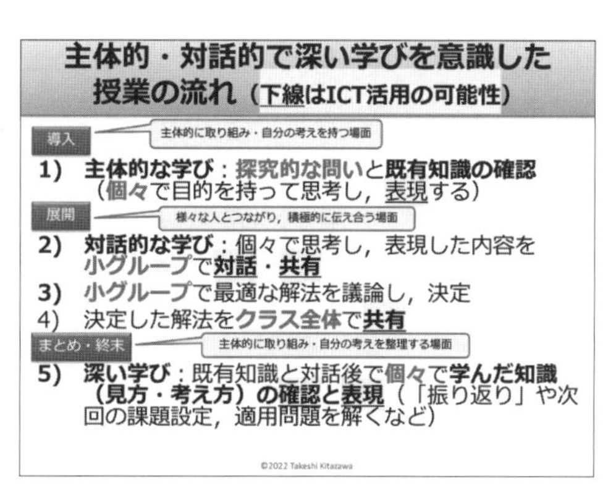

図1　本時の展開におけるICT（1人1台端末）の活用例

学習指導案の「本時の展開（導入・展開・まとめ）」において、主体的・対話的で深い学びを意識したICT活用（児童生徒1人1台端末）の場面を示したスライドを提示した（**図1**）。

「導入」の場面では、主体的な学びを促すために、教科書に掲載されている「探究的な問い（5W1H、なぜ～だろうか、どのようにすれば～だろうか、など）」をめあてに示すことと、一人で考えて（自分の端末で）表現する事例を紹介した。なお、紹介する事例は、一つの問い（台形の面積はどのように求められるのだろうか）で多様な解法が生じやすい小学校第5学年の「台形の面積」とした。教員研修に参加した教員は、児童役として1人1台端末を所持し、自身の解法を端末で書き込んだ。

「展開」の場面では、端末に書き込んだ教員自身の解法を共有ソフト（Jamboard、Googleスライド、Teams、ムーブノート、SKYMENU Classなど自治体に応じて）で共有し、数名で対話する体験をした。この際、はじめは2～4名での小グループで自分の解法を説明したり質問したりする対話を体験した。その後、共有された解法を投影させながら、小グループで議論し導いた解法を参加者全員に紹介する学習活動を体験した。

「まとめ」の場面では、個人の学習活動に戻って、「この授業で学んだこと（実技系の授業の場合は、できるようになったこと）」の振り返りを記述させ

ることと、この振り返りの記述内容が、本授業の目標が達成したか否かの評価指標に繋がること、振り返りの記述も他者と端末を介して共有することで、児童生徒の学びが深まることを教員研修の参加者に説明した。そして、実際に行われた授業の画像や動画を投影し、改めて、本単元（本時）のめあて（目標）を確認しつつ、**図1**の流れと児童生徒１人１台端末の活用方法の意義について確認した。協働学習の場面における１人１台端末の活用方法のみならず、導入→展開→まとめの過程を理解することが、従来の授業力とICT活用指導力の融合に繋がると考える。

ICT活用指導力を高めることを目的とした校内研修について

校内研修の目的として、学校全体のICT活用指導力を高めることと、教員によるICT活用指導力の格差を少なくすることが挙げられる。学校全体のICT活用指導力を最も高める校内研修は研究授業である。同僚と一緒に児童生徒１人１台端末を活用した授業をデザイン、実践し、研究協議会でコメントを受ける授業者は、最も学ぶであろう。全員の教員が必ず１回、児童生徒１人１台端末を活用した研究授業を行うと決めた学校は、教員のICT活用指導力が確実に向上する。全員が研究授業を行うことが難しい場合は、管理職が授業参観する機会を設けたり、学年間や教科間で授業参観を行ったりする機会を設ける方法が考えられる。

なお、研究授業で最も重要なのは授業をデザインする時間である。児童生徒１人１台端末を活用した授業の学年、教科、単元、本時が決まったら、授業者は本時の目標を達成するためのICT活用方法を、自身で練るだけでなく、同僚（管理職）や専門家と何度も相談しながら授業を検討することが望ましい。同僚（管理職）や専門家は、授業後に厳しいコメントをするよりも、授業前に当該教科の見方・考え方や教材についての知識を提供したり、授業者が準備した学習指導案に対する厳しいコメントをしたりする方が、授業者の指導力がより向上し、動機づけにも良い影響を与えるだろう。そして、研究授業後の研究協議会では、例えば「どの学習場面が、本時のめあて（目標）の達成に影響をあたえていましたか」の問いを出すことによって、教員が身に付けるべき知識であるTPACK（**図2**）にある、「①教育（子ども理解・教育方法・評価等）」に関する知識、「②教科内容」に関する知識、「③技術」に関する知識のそれぞれに焦点化した議論が期待できる。

教員によるICT活用指導力の格差を少なくする教員研修の一つとして、全職員がICT担当になる方法がある。洗足学園小学校では、「ICT機器＆MDM管理担当」「情報モラル指導・ガイドブック担当」「オンライン授業担当」など様々な組織があり、自分のICTスキルに合わせて、貢献できる仕事を自分で選択する体制を構築している。そして、「Everyone can be a specialist」制度を導入し、教員一人一人が、何らかのソフトウェアのスペシャリストになることを目指している。当該ソフトウェアに関する質問や解決は、担当のスペシャリストが行うことで、教員相互の能力の向上が期待できる。ICT活用を苦手とする教員も、ICTに関係する業務を請け負

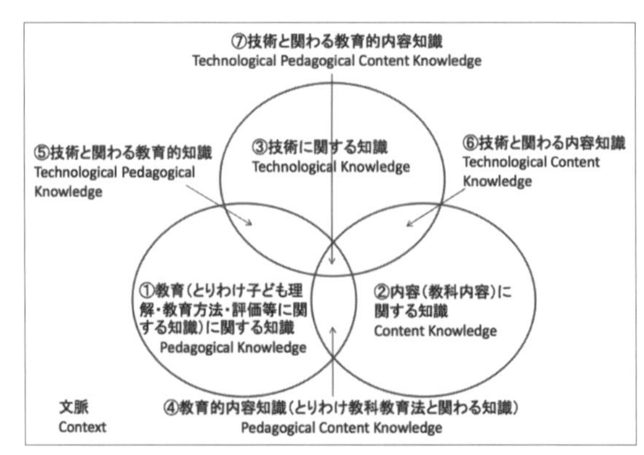

図２　TPACK：技術と関わる教育的内容知識の枠組みとその知識の構成要素（小柳、2016、p.18より引用）

う体制を整えることが、教員格差を少なくする一手法と考える。

教員研修で管理職・ミドルリーダーが留意すべきこと

管理職やミドルリーダーは、教員のICT活用指導力を最も高める方法は研究授業を行う校内研修であることを理解し、実践する必要がある。校内の全教員が、児童生徒１人１台端末を活用した授業をデザイン、実践し、他の教員から評価される校内研修や授業参観の機会を設けることが重要である。教育課程の検討の際に、児童生徒１人１台端末の利活用に関する文言を加えることはもちろんのこと、研究推進の担当教員や情報担当教員などを中心に、全教員がこの授業を実施し、参観する体制を整えることが求められるだろう。

また、管理職は、定期的に児童生徒１人１台端末を活用した授業が行われているかどうかを確認したり、評価したりすることが重要である。例えば、東京都中央区立銀座中学校では、令和３年度学校経営計画に授業改善の一つとして「(生徒) １人１台の (タブレット) 端末の有効活用」が重点目標として掲げられた。これにより、管理職の授業観察シートに、生徒１人１台端末の活用がなされているかどうかの評価項目が含まれることが教員に周知された。さらに、生徒に対する授業評価アンケートを実施し、「この教科を担当する先生はICT機器を活用している（５件法)」の項目を設けた。生徒の回答結果は、学年、教科ごとに分析され、全教職員に共有されている。これを受けて教員は、生徒１人１台端末を活用していると生徒が認識する教科の実践事例を確認し、自分の教科でもICT活用の方法を検討するようになるなど、授業改善に役立てている。

児童生徒１人１台端末が普及した現在、ICT活用の学校間格差が課題となっている。上記の事例を参考に、管理職やミドルリーダーが強いリーダーシップを発揮して、全教員のICT活用指導力の向上を目指した校内研修が実施されることを切に願う。

[参考文献]

- 三井一希、戸田真志、松葉龍一、鈴木克明（2020）「小学校におけるタブレット端末を活用した授業実践のSAMRモデルを用いた分析」『教育システム情報学会誌』37(4)、pp.348-353
- 文部科学省（2021）「令和２年度学校における教育の情報化の実態等に関する調査結果（概要）」https://www.mext.go.jp/content/20211122-mxt_shuukyo01-000017176_1.pdf（参照日2022/07/03）
- 小柳和喜雄（2016）「教員養成及び現職研修における『技術と関わる教育的内容知識（TPACK)』の育成プログラムに関する予備的研究」『教育メディア研究』23(1)、pp.15-31
- Puentedura, R. R.(2006)“Transformation, technology, and education”, http://hippasus.com/resources/tte/（参照日2022/07/04）
- 洗足学園小学校ICT “Team”, https://sites.google.com/senzoku.ac.jp/ict/team（参照日2022/07/04）

Profile

きたざわ・たけし　東京工業大学大学院社会理工学研究科人間行動システム専攻博士後期課程修了。博士（工学)。私立小学校教員、首都大学東京大学教育センター准教授、東京未来大学モチベーション行動科学部准教授、2013年10月より東京学芸大学自然科学系技術・情報科学講座情報科学分野准教授、2019年４月より、同大学大学院教育学研究科教育実践創生講座准教授を経て、2022年４月より同大学大学院教育学研究科教育実践創生講座教授。教育工学、科学教育、情報教育、学習科学を研究分野とする。東京都中央区教育委員会「ICT教育推進検討委員会委員」、足立区立辰沼小学校開かれた学校づくり 協議会委員、公益財団法人 パナソニック教育財団 専門委員。日本教育工学会 理事、日本科学教育学会 理事、AI時代の教育学会理事、日本教育工学協会 理事。主な著書として『ICT活用の理論と実践: DX時代の教師をめざして』（北大路書房、2021年）『主体的・対話的で深い学びに導く 学習科学ガイドブック』（北大路書房、2019年）『小学校におけるプログラミング教育の理論と実践』（学文社、2019年）などがある。

session 1

子どもたちの意味や価値をつくりだす喜びを支えるICTの活用

図画工作科の表現活動を例に

鳴門教育大学大学院教授
山田芳明

GIGAが日常化しても大切にしたい教科の本質

図画工作科は子どもたちが自らの手や体全体を働かせて材料や用具を扱い、意味や価値をつくりだす教科である。そうした創造的な造形活動の過程で、知識や技能、思考力・判断力・表現力等、学びに向かう力・人間性等が育まれる。

粘土をギュッと握った感触、はさみでジョキジョキ画用紙を切る手ごたえ、紙を貼り合わせて糊が乾くまで押さえているときの指の感覚。こうした材料や用具を扱うときに体が感じ取る感覚は、この教科が大切にしたいことである。

GIGAの日常化が進んだとしても、こうした教科が育むものや大切にしたいことは変わらない。ICTを活用することで、子どもたちの造形的な創造活動がより一層豊かになるような授業でありたい。

造形的な創造活動を支えるICTの活用

1人1台端末が導入された当初は、情報端末に触れることそのものに喜びを感じたりしていたかもしれない。しかし、GIGAの日常化が進むと、情報端末を活用することで教科の本質である造形的な創造活動が深まったり、広がったりすることの喜びへと変わっていくことを期待している。

子どもたちの造形的な創造活動に資するICT活用を考えたい。

1人1台のデジタルカメラが学習を拡げる

1人1台端末のGIGAスクールは、デジタルカメラの1人1台時代を実現した。私たちの日常を見ても、スマホの普及によってデジタルカメラが日常的なツールとなった。同様にGIGAの日常化は図工の時間のデジタルカメラ活用の日常化を促すとともに、新しい学習の可能性を広げてくれる。

子どもが各々の端末で活動過程を画像として記録し学習の振り返りに活用することができる。また、その画像をプリントアウトして加工できるのはもちろんのこと、タブレット上で加工したり、電子黒板やプロジェクターに投影し拡大して提示したりすることもでき、新しい造形活動の可能性を広げてくれる。

デジタル教科書+コンテンツで学びを支える

これまでの教科書（紙媒体）は、授業の導入の際に題材名や導入の文章を読み上げて、めあてを確認したり、掲載作品を見たりして、子どもたちが活動の方向性をつかむ場面で使用されることが多かった。

デジタル教科書には、材料・用具の扱い方等の映像が見られたりする機能や、ワークシートデータ等のデジタルコンテンツが付加されているものもある。例えば、映像資料であれば、子どもが必要に応じて何度でも見返すことができる。また、教科書紙面を拡大表示することも容易であり、掲載作品などを拡大して細部までじっくりと観察することもでき、子ども一人一人の学びの姿に応じた造形活動を支えてくれる。

ネット上の情報の検索・活用で学習を拡げる

図工の授業の際に、子どもたちの表現活動の参考資料として図鑑等を準備されている先生は多い。端末がインターネットに接続していれば、子どもたちは無数の図版や画像の中から自分の思いに合った資料を見つけだすことができ、表現の可能性を広げることができる。また、美術館のWebページには、所蔵作品等の画像を掲載しているところもあり、高学年などでは関心のある作家の美術作品を検索して鑑賞することもでき、鑑賞学習を発展させたり、美術作品の鑑賞を日常化したりすることも期待できる。

なお、ネット上の情報を扱う際のリテラシーや著作権等については、学年に応じて指導しておくことが大切である。

アプリケーションの併用で新しい題材が生まれる

写真を加工するアプリケーション（以下、アプリ）や、映像を編集したりするアプリなどには無料で使用できるものもたくさんある。また、アニメーションを作成したり、タブレット上で絵を描いたりできるアプリも無料で使用できるものがある。こうしたアプリは、活用の次第で子どもたちの表現の可能性を広げるだけではなく、図工の新しい表現のフィールドを生みだす可能性がある。

ただ、冒頭でも述べたが、ICTを活用することで、子どもたちの造形的な創造活動が豊かになっているのかということを念頭に置き、ICTの活用それ自体が目的化されないよう気をつけたい。

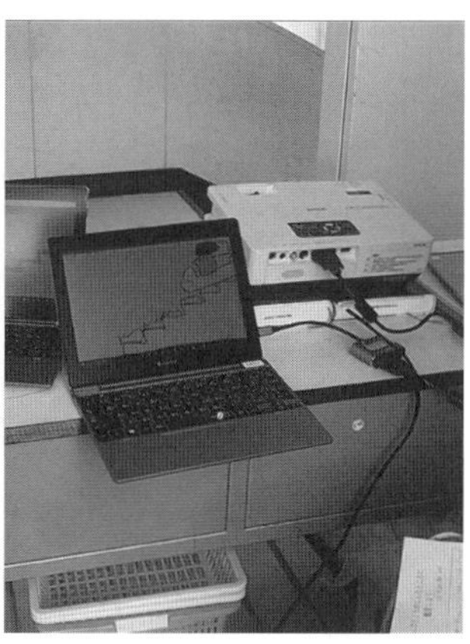

場所の形状に合わせたアニメーションをアプリでつくり、プロジェクターで投影

学習支援システムで学びを共有し、深める

図工の授業においても、MetaMoJiやLoilo Noteといった学習支援ツールを活用し、活動途中の作品の画像を提示して困り感を共有し、解決のための方法等を皆で考え合ったり、完成した作品を共

有して、相互に鑑賞したりするなどして、個々の学びを共有し、深めることができる。

また、ネットワーク上に共有のフォルダを作成しておき、子どもたちが自身の撮影した写真を集めて活用できるようにするなども、学びを共有し深めることが期待できる。

ICTを活用した実践の流れ

第5学年の題材「形が動く・絵が動く」を例に
【甲南学園甲南小学校の実践】

（1）本題材のねらい

- 動き、奥行き、バランスなどの造形的な視点について自分の感覚や行為を通して理解するとともに、タブレット端末等や身辺材を活用し、アニメーションの表し方を工夫して表す。
- 材料の特徴、構成の美しさ、アニメーションに表したいこと、表し方などについて考え創造的に発想や構想をしたり、自分たちの作品から自分の見方や感じ方を深めたりする。
- 主体的にアニメーションに表す学習活動に取り組み、つくりだす喜びを味わうとともに、形や色などに関わり楽しく豊かな生活を創造しようとする。

（2）学習活動の流れ

1．教師からの提案をもとに学習の目当てをつかみ、どのようなアニメーションができそうか考える。

活動内容をしっかりとつかめるように、デジタル

教科書に付いている「導入コンテンツ（動画）」を皆で視聴する。

導入の際などは、電子黒板等を活用して全員で一緒に視聴し、その後は個々の子どもが必要に応じて随時視聴する。

2．アニメーション用Webアプリの使い方を知り、身近な材料をもとにアニメーションをつくる。

今回使用するWebアプリにアクセスして、アプリの操作の仕方を確認する。

Webアプリの操作は直観的で簡単であるが、子どもたちがより理解しやすいように一斉指導で実際に教師が操作して見せる。その後、練習として身近な材料を実際に撮影してみる時間をとる。

3．活動過程で動きを確かめながら、意図した動きになるように表し方を工夫してつくりかえる。

何度でもやり直すことができるのがデジタルツールのよさの一つ。意図したような動きになるまで何度も撮影し直す時間を確保し、必要に応じて教師もアイデアを提供する。

4．完成したアニメを学級内で共有し、相互に鑑賞し合い、互いの表現のよさを感じ取り、自分の見方や感じ方を深める。

デジタル教科書からワークシートを開いてタブレット上で記述し保存する。記述の方法は子ども一人一人の経験や指向に合わせて指向タッチペンや指、キーボード等を選択できるようにする。

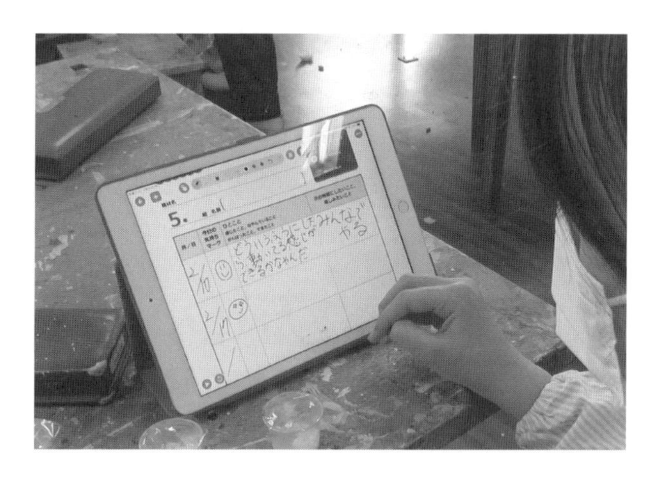

5．ワークシートの記述内容を学級全体で共有し、本題材への取組を通した学びを深める。

作品やワークシートを、MetaMoJiやLoiLoNote等の学習支援ツールを活用して、学級内で共有し、相互鑑賞したり、意見交換をしたりすることで学習を深める。

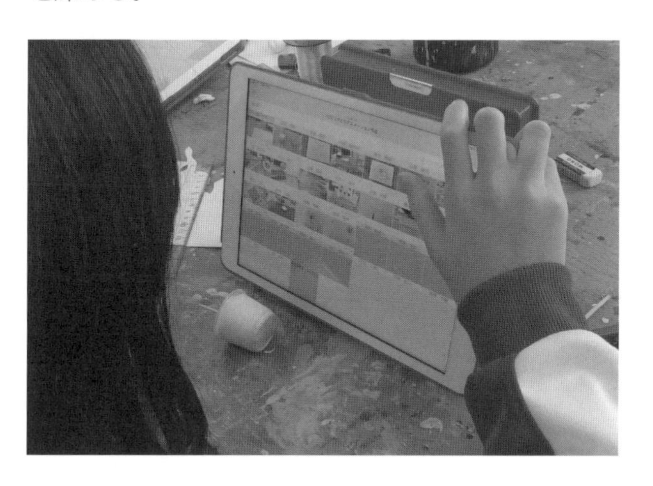

図画工作科におけるICT活用の展望と課題

GIGAの日常化、すなわち高速ネットワークとタブレット等の携行可能な１人１台端末時代の到来は、個別最適化された学習の実現とともに、デジタル表現活動という造形的な創造活動をパソコンルームから開放した。

現在ほとんどの端末にはデジタルカメラが付いており、画面はタッチパネルで指先で簡単に拡大縮小の操作ができ、キーボード入力だけではなく、タッチペンや指での入力が可能である。

デジタルカメラで撮影した画像にタッチペンで加筆したり、複数の画像を組み合わせたりが可能だ。

教師のアイデアと、フリーのアプリ等を活用すれば、デジタル表現活動の可能性は更に広がる。

ただ、それだけに注意も必要である。冒頭で述べた通り、図画工作科は子どもたちが自らの手や体全体を働かせて材料や用具を扱い、意味や価値をつくりだす教科である。

ICTの活用は、一人一人の子どもが自分にとっての意味や価値をつくりだすことを支え、造形的な創造活動が一層豊かになる方向に向かっていなければならない。

タブレットなどICTを活用しなければ実現できなかった学習なのか、ICTを活用しても実現できる学習なのか。

子どもたち一人一人が表現活動や学習にICTを活用することの意義や意味をしっかりと意識しながら、ICTを決して恐れず、しかし侮らず賢く活用していきたい。

Profile

やまだ・よしあき　大阪教育大学附属平野小学校教諭を経て現職。「教育学は現場から生まれる」との観点から図画工作科の授業に着目した研究に取り組むかたわら、子どもたちと造形ワークショップや、「図工のおきぐすり」「図工夜話」といった現場の先生方の新しい学びの場づくりにも取り組む。国立教育政策研究所の学習指導要領実施状況調査結果分析委員、評価規準評価方法等の工夫改善に関する調査研究協力者等を務める。

1人1台端末を活用した家庭科の授業実践

熊本県山江村立万江小学校
山田小学校

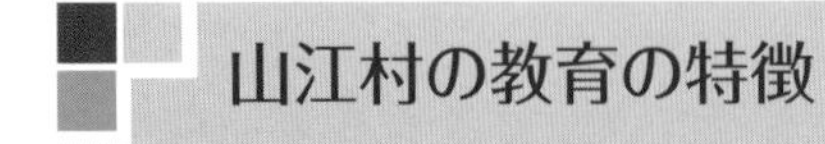

山江村の教育の特徴

熊本県の南部にある山江村。人口3500人ほどの小さな村でICT教育が始まったのは10年以上前になる。万江小、山田小、山江中３校合同で研修会を実施しながらICT機器の活用とその効果について長年にわたり研究を重ね、令和３年10月、オンライン配信という形式で「『教育の情報化』10年の軌跡」として研究発表会を開催した。

タブレット端末の導入も平成25年から順次行い、１人１台の端末を活用した授業実践を重ね、現在ではタブレット端末を活用した授業は日常的に行われている。また、行政も家庭のWi-Fi設置率の向上のために補助を行うなど、学校だけでなく行政とも連携して教育のICT化を推進してきた。

コロナ禍での活用も令和２年の休校期間中から実施し、オンラインでつないだ児童の健康観察や家庭での過ごし方の把握、授業の配信等を行い、児童の学びを停滞させないように工夫してきた。家庭科の授業においては、学校で調理実習ができない期間は実際の調理は家庭で行った。タブレット端末の持ち帰り学習を以前から実施していたため、家庭で行った調理の様子を動画や写真で撮影し、各自の実践の様子をお互いに紹介したり、教師が学校で確認したりすることもできた。

Tシャツバッグ作りでのICT活用（万江小学校）

内容項目Ｂ（５）「生活を豊かにするための布を用いた製作」では、６年生の２学期にこれまで着用し愛着のあるＴシャツを使ったバッグ作りに取り組んだ（本実践は平成29年度に実施しているため、当時の内容項目では、項目Ｃ（３）「生活に役立つ物の製作」にあたる）。

（１）ICT活用のきっかけ

製作活動では、裁縫技術の個人差も大きく、進度に大きな差が出ることが多い。その点を補えるように、製作実習では、児童をグループに分け、グループ内で教え合いながら作業を進めていくことを基本としている。しかし、どうしても進度に差が生まれてしまう。

また、ミシンの扱いに不慣れな教師にとっては、ミシンの準備をはじめ、製作途中に起こるミシンのトラブルに対応したり、製作に関する児童の支援をしたりすることに追われがちで、製作実習を負担に感じていることも少なくない。市販の製作キットを活用して製作実習をすることがよくあるのも、こういったことが根底にあると推測する。本実践では、これまで自分や家族が使っていたＴシャツを使ってバッグを製作するため、作品に対する愛着がわく。また、小さくなって着られなくなったお気に入りの服を、別の形で使い続けることができることに喜びを感じている児童も多かった。さらにここ数年、「SDGs」と学校で取り組む諸活動を関連付けて考える機会が増加している。Tシャツを使ったバッグ作りは、「SDGs」への関心を高める教材にもなるだろう。新しい布を使った製作よりも、多少作業は複雑になるが、１人１台の端末を活用することで、進度の差が生じやすいことや作業工程が増えること、教師が負担を感じやすい内容であること等を克服できると考えた。

（2）授業の実際と学びの様子

製作段階を下の表のように区分し、従来どおりそれぞれの段階ごとに、段階標本を使いながら手順や注意点を説明した後、各自の活動に移る授業スタイルを基本とした。

1	型紙づくり（用途や大きさを決める）
2	裁断
3	縫製　①口　②脇　③底
4	仕上げ

図1のような、製作過程を説明する動画を準備し、児童の１人１台端末を使っていつでも好きな時に再生できるようにした。

各々の活動に移った後、どうしても一斉の説明だけでは理解できない児童がおり、教師に質問や手助けを求める声が集中する。また、どうすればよいか分からないことでやる気をなくし、作業に集中できなくなる児童が出てくることもあった。授業の最初に行った説明を何度も繰り返し行わなければならず、その分、児童の様子を観察したり支援したりする時間は少なくなってしまう。前述した製作段階ごとの動画は、この点を補うために大変有効であった。必要に応じて何回でも視聴できることで、説明後の作業の様子に変化が見られた。

児童の動画の活用の様子を見ていると、気になるところを何度も繰り返し見たり、一時停止した画面をじっくり見ながら、自分の作品と比べたりしていた（**図2**）。１人１台の端末がなければできなかった活用方法であり、児童それぞれが自分に最適な方法で動画を活用できることが分かった。

授業に動画を活用したことで生じたもう一つの変化が、教師への支援依頼が減り、グループ内で検討し解決していく様子が見られるようになったことである。**図3**のように、動画で確認した内容を、段階見本と見比べながらグループ内で製作方法について話し合う様子がよく見られた。**図3**で手にしているのは、教師が準備した段階見本である。動画で確認

図１　Tシャツバッグ作りの動画

図２　動画の画面と、自分の作品を見比べている児童

図3　製作方法について話し合う児童

したことを、実際に手に取って確認できる実物があることも必要だと感じた。

家庭での実践を目指したICT活用（山田小学校）

内容項目Ｂ（２）「調理の基礎」（３）「栄養を考えた食事」の授業では、学校での調理実習と並行して、家庭で実践することを狙いの一つとしている。６年生の「いためる」調理では、家庭での実践に積極的に取り組めるように、内容項目Ｃ（１）「物や金銭の使い方と買物」（２）「環境に配慮した生活」の内容と関連付けて授業を行い、材料選びの段階から授業に組み込み、家庭での実践に臨めるようにした。

（１）活用のきっかけ

調理実習後、振り返りを行うと、作品の味や見た目、手順や片付けをよりよくしたいという気持ちは書かれているが、どこをどうすればよくなるかに気付いている児童は少ない。そこで、実習の様子を動画に収め、振り返りではその動画を活用して、具体的に何をどうすればよくなるかを考えさせたいと考えた。また、この振り返りで見つかった課題を家庭での実践の目標とすることで、意欲の向上につなげたいとも考えた。

（２）授業の実際と学びの様子

まず、この単元でのワークシートは、すべてデジタルワークシートに統一した。調理実習は２時間で計画し、その時間内に準備や調理、試食、片付け、振り返りまで実施する。デジタルワークシートにすることで、用紙や筆記具の準備をする必要がなくなる。また以前は、プリントに出来上がり図を手書きで描いていたが、撮影した写真を使うことで、時間内に振り返りまで実施するための時間を確保することができた。

調理の場面では、グループで役割分担をし、タブレット端末を使ってグループごとに実習中の様子を動画に収めた（**図４**）。

振り返りでは、その動画を見ながら改善点を考え、デジタルワークシートに記入した（**図５**）。また、教師にとっても、自分が確認できていなかった児童の姿を確認し評価できるなど有効なものとなった。

その後の授業では、家庭での実践に向け、課題の確認と材料を準備するときのポイントについて考えた。店で販売されていた数種類のキャベツの中か

図４　調理の様子を交代で撮影

図5　調理の動画を見ながら振り返りをする児童

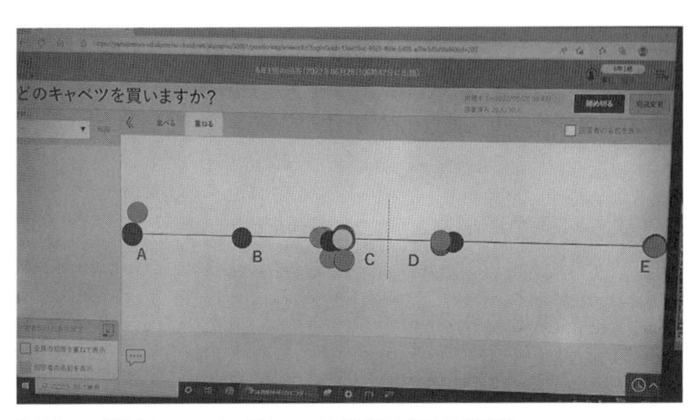

図7　ポジショニングによる選択内容の確認

ら、どのキャベツを選択するかデジタルワークシートに記入し（図6）、ポジショニング機能を使って学級内で意見を共有した（図7）。このことにより、同じ意見の者同士が集まりやすく、理由の確認やもっと知りたい情報はないかについての話し合いにスムーズにつなげることができた。様々な考えに触れることで、選ぶ商品や選択理由に変化が生まれ、再度自分で思考する際に、より深い理由付けや選択肢の広がりが見られた。

家庭での実践をまとめるワークシートも、授業で活用したデジタルワークシートと同様の形式にした。デジタルワークシートは配布も容易で紛失することもないので、家庭での実践にも最適であると感じている。

図6　個人で思考するためのデジタルワークシート

今後への期待と課題

家庭科は実習を伴う教科であるため、端末を使って動画を確認することは大変有効であった。自分が活動している様子を動画に収め、その様子を確認することは、今後更に増えていくであろう。その動画を整理・保存し、見返すことで、自身の成長を感じ、自己肯定感の高まりや学習意欲の向上へもつなげることができると感じた。

一方課題と感じることは、表現ツールの活用場面と活用方法である。これまでは教師がツールを選択し、それを活用して授業が進んでいくスタイルだったが、現在は、児童が自らツールを選択し、最適な方法で表現しようとすることを目指している。そのためには、それぞれのツールの個性を児童自身が理解しておく必要がある。それには児童一人一人のICT活用スキルの向上が欠かせない。山江村では、ICTスキルの習得目標や情報スキル教育の年間計画に則り、成長段階に合わせて、様々な学習機会を通して、計画的にスキルを習得できるようにしている。「ツールの選択」まで児童が進んでできるような指導、実践につなげたい。

（元万江小学校教諭・山田小学校教諭　澤村裕子）

session 3

創造性を育む学びの実現

特別活動と家庭学習を連動させて

千葉県柏市立手賀東小学校

これからの時代は、「正解のない時代」とも言われ、一つしかない答えを探すだけでなく、正解かどうかは分からないけど、自分あるいは自分たちが納得できる一番適した答えとなる「納得解」や「最適解」を見つけ出し、新しいものを創造していく力が必要になると考えられる。いつも答えが一つしかない学習だけを行っていたのでは、自分なりの発想や創造性を育むことはできないだろう。

そこで、本校では「創造性を育む学びの実現」を校内研究のテーマとして進めている。創造性を育む学びといっても、途中のプロセスでの学びがなければ、単に思い付きで考えを発表したり、作品をつくったりするだけになってしまう。発見した課題の解決に向けて必要な情報を集め、集まった情報を整理・分析し、伝えたいことをはっきりさせ、自分なりの考えを発信したり、成果物にまとめたりするプロセスを通して、学び方を身に付けていくことが重要になる。そのプロセスこそが、情報活用能力である。

本稿では、学校行事として扱う修学旅行をテーマに、特別活動と家庭学習を連動させ、子供たちが自ら修学旅行のプランを立てる事例について紹介したい。

情報活用能力の育成を図る学習プロセス

これまで、修学旅行のコースは教師主導で決定していた。しかし、特別活動の目標である「自主的、実践的な態度を育てること」を達成するためには、子供たちにコースを考えさせることが望ましいと考える。そうは言っても、これまでなかなかできなかったのは、授業時数を多く使ってしまうことが理由の一つであった。

そこで、特別活動と総合的な学習の時間、そして１人１台端末でのクラウド利用による家庭学習を連動させることで、活動時間の確保を行った。また、学習の基盤となる情報活用能力の育成を目指して、下記のプロセスで学習を進めた。

学習プロセス	時	学習内容
1　課題設定	1	○修学旅行とは何か、いつ、どの方面に行くのかを知る。 ○修学旅行のコースを自分たちで計画することを知る。
2　情報収集	2	○日光には、どんな見学場所や体験活動があるのか調べる。 ※家庭学習
3　整理・分析	3	○旅行会社の方を招き、選択する方法やコースの作り方を伺う。

	4	○調べた情報を基に、訪れたい場所、訪れるべき場所を選択する。
4　まとめ・表現	5 6 7	○選択した場所を地図にまとめる。 ○修学旅行のコース案を作成する。 ○旅行会社の方に見てもらい、修正する。 ○自分たちが考えたコースを学校（校長）に提案する。
5　振り返り・改善	8	○修学旅行を振り返り、感想を交流する。

修学旅行実行までの流れ

（1）課題設定（1時間目）

修学旅行に参加する子供たちを集め、まず校長から、今年度の修学旅行のコースについては未定であり、自分たちで考えてよいことを提案した。コロナ禍で行事が減ったこともあり、「修学旅行に行ける」ということを知っただけで子供たちの気持ちは高まっていた。さらに「見学先を自分たちで決められる」と分かると、子供たちは目を輝かせ、すぐにでも活動に取り掛かりたいといった様子だった。

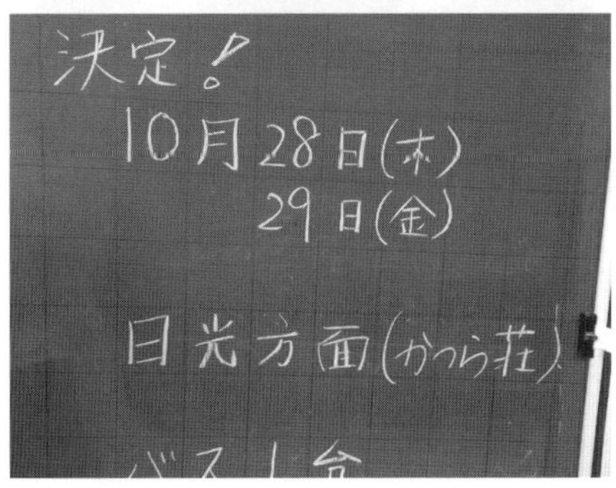

修学旅行の説明

そこで、修学旅行用のGoogle Classroomに子供たちを招待し、連絡や話し合いをクラウド上で行うことを説明した。

（2）情報収集（2時間目＋家庭学習）

ゴールデンウィークの前に、Google Jamboardを立ち上げ、家庭に持ち帰った端末で書き込むことを課題とした。付箋の色を「見たいもの（見学）」「やりたいこと（体験）」「食べたいもの」「その他（お土産など）」の４色に分けたところ、インターネットで調べたり、家族から聞いたりした情報が次々に書き込まれていった。テキストだけでなく、画像やURLも貼り付けられた。教師は、自宅から様子を見守り、励ましやアドバイスを書き込んだ。Google Jamboardは20ページまで増やすことができるが、連休中にほぼ埋まってしまうほど、子供たちは熱心に家庭学習で情報を集めていた。

修学旅行用の掲示板

（3）整理・分析（3・4時間目）

集まった情報の全てをコースに盛り込むことはできないため、整理・分析する必要がある。Google Spreadsheetを使い、各自が行きたいと思う場所や食べたいものなどを、理由をつけて書き込むことにした。これを整理することで、ある程度、見学したい場所が絞られてきたのだが、距離や見学に要する時間など、ネット情報だけでは分からないことが出てきた。

そこで、旅行代理店の方に学校にお越しいただき、アドバイスをしてもらう時間を設定した。子供たちは「日光」というキーワードで調べているので、宿泊地から遠い場所であったり、移動に時間がかかる場所を選んでいたりすることがあり、コース作りについて考えるとても良い機会となった。

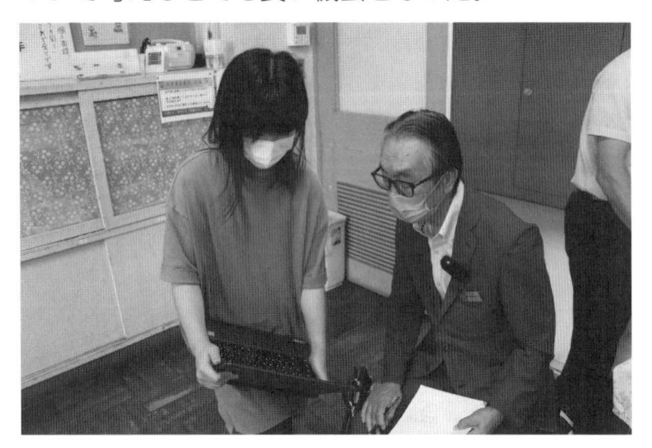

プロ（旅行会社の方）から学ぶ

（4）まとめ・表現（5～7時間目）

最終的には五つの目的地が候補にあがり、そのうちの３か所はスムーズに決定した。しかし残りの二つは、日程の都合上どちらか一つを選ばないとならなくなった。そこで、どちらかを選ぶために「プレゼンテーション対決」を実施した。

その結果、最終的に子供たちが希望した見学場所

見学場所を決めるプレゼンテーション

は、教師が全く想定していなかった場所であったが、子供たちに決定権を委ねた活動であり、理由も納得できるものであったため、提案を採用することとした。答えが一つではない学びでは、教師の柔軟さが求められると考える。

（5）振り返り・改善（8時間目）

修学旅行は、天候にも恵まれ充実した活動となった。子供たちの振り返りには、自分たちで考えたコースで計画通りに実施できた達成感と、思い出に残る楽しい活動ができた満足感が書かれていた。卒業文集にも修学旅行を取り上げた子供がたくさんおり、なかでも、子供たちの希望で実現した見学場所についての記述が多く見られた。

> 一番楽しかったのは、なんといっても「おさるランド」でした。猿のパフォーマンスもすごかったですし、調教師さんとのキズナがあってこそだと感じました。また、日光東照宮の三猿を見て、古くからの人間とのつながりも分かりました。（卒業アルバムより）

修学旅行での体験活動

実践を振り返って

（1）調べ学習の充実

本実践は、調べ学習をほぼ家庭で行い、学校では、意見をまとめるための話し合いを中心に進めること

で、授業時数を抑えることができた。自分のペースで時間をかけてじっくり調べたことで、自分の意見をしっかり持つことができ、主体的に取り組む態度が見られた。

1人1台端末の整備は家庭への持ち帰りが前提となっており、これからは、クラウドを使ったシームレスな学びが求められていくと考える。

（2）場所も時間も選ばずに話し合い

最終的に意見を一つにまとめる活動の調べ学習で、子供が気にするのは、「友達が何を調べているか分からない」「どんなところをみんなは良いと思っているのかが知りたい」ということである。

そこで活用したのがGoogle Jamboardである。子供たちは都合の良い好きな時間に調べ、それを掲載する。そうすることで、それぞれがどんなことを調べているのかを知ることができる。また、教師も随時その様子を確認したり、励ましの言葉を伝えたりすることができる。

始めは付箋がバラバラに貼り付けられていったが、そのうち整理し始める子供があらわれた。同じ場所でまとめたり、同じ意見を集めたりすることで焦点化されていき、意見交換が始まるきっかけになっていた。

1人1台端末による学びの変容

ここまで学校行事における事例を紹介してきたが、特別活動における他の内容でも、1人1台端末の活用によって子供たちの活動の様子が変わってきている。

学級活動では、望ましい人間関係づくりを目指して、学級内でレク的な活動を行うことがある。どんなことをするか話し合うのだが、なかなか意見がまとまらず、肝心な活動時間が少なくなってしまうことがあった。そこで、端末を使ってアンケートをとることで、それぞれの考えを可視化することができ、候補を絞って話し合いが行えるようになった。

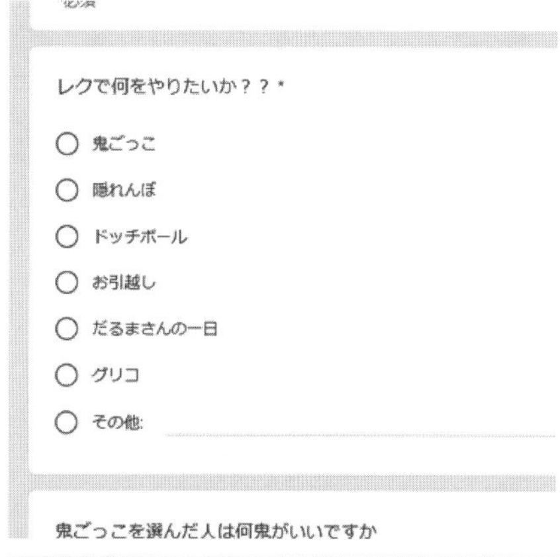

アンケートで決まった活動

児童会活動では、学校創立150周年にあたり、「学校すごろく」を全校児童で制作することになったのだが、その話し合いもオンラインやクラウドで行った。また、そのための予算集めの方法について子供たちが調べ、アルミ缶回収に全校で取り組むことになった。

1人1台端末が日常化するというのは、教室での授業の様子が変わるだけでなく、特別活動のような教室以外の場面や、家庭学習のような教育課程外の場面でも、子供たちの学びの姿が変わっていくことであると考えている。本校では、引き続き、教育活動のあらゆる機会を生かし、1人1台端末活用による創造性を育む学びの実現を目指していきたい。

（校長　佐和伸明）

持ち帰りを活用し、先生が教える授業から子供が学び取るための学習指導へ

仙台市立錦ケ丘小学校

錦ケ丘小学校のICTを活用した教育の現状

本校は令和３年度より「仙台市GIGAスクール推進校」として、１人１台端末活用の日常化を目指してきた。情報端末の家庭への持ち帰りも行っており、ICT機器の操作については、経験させればできるようになることを実感している。現在の課題は、「機器操作の習得」から「情報活用能力の発揮」への移行であり、令和４年度は、校内研究のテーマを「充実した対話を支える情報活用能力の育成」と設定した。

情報活用能力の育成にあたって大切にしているのは、先生が「教える」授業でのICT活用から、子供自身が主体的に「学び取る」ための学習指導でのICT活用へ重点を移すことである。このことは、これまでも目指していたことではあったが、小学校の１単位時間45分の枠組みの中で、どちらかといえば効率的に先生が教えるためのICT活用に重点が置かれていた。こうした状況を、GIGAスクールの環境を生かすことによって変えていくことが可能になってきた。グーグルクラスルームのようなクラウドサービス（**写真１**）を使ってオンラインで学習を自己管理できるようになり、学校での授業と家庭での学習の連携や往還が格段にやりやすくなってきたからである。

特に、社会科や総合的な学習の時間など、「調べる」活動が多い教科等や、家庭科など家庭や地域での実践が求められる教科等では、情報を集めて整理して伝える学習において、子供自身がICTを活用し、情報活用能力を発揮する機会をつくりやすくなった。このような状況を踏まえ、「先生が教える授業」から「子供が学び取るための学習指導」への移行に挑戦している本校５年担任・長谷川教諭の社会科を中心とした実践を紹介する。

子供がICTを活用して学び取るための学習指導へ

長谷川教諭の社会科の授業の課題は、教科書等の資料を先生と一緒に読み取りながら、先生が求める答えにたどり着くような「先生が教える授業」からの脱却であった。これまでは、子供自身が調べる活動を取り入れても、時間的な制約もあり、資料から事実を確認して終わることが多かった。このため、子供たちの意識は、社会科は「教えられ覚える」教科であり、「自分で考えながら学び取る」教科とはなりにくかった。

５年社会科「寒い土地のくらし」の授業は、通常

session 4

持ち帰りを活用し、先生が教える授業から子供が学び取るための学習指導へ

写真１　課題の指示や教材が提示されるクラスルームの画面

５時間で単元が構成され、学習問題を設定したら、「雪を生かした生活」「自然を生かした農業」「アイヌの文化」など、テーマ毎に１時間ずつ調べる学習活動を繰り返していく。このため、一つのテーマについて考えを深めたり、深く掘り下げて関心を広げたりするには至らずに終わることも多かった。資質・能力の育成という観点で考えると、子供の主体性に任せて、情報活用能力を発揮させる場面をつくりにくかったと言える。

そこで、長谷川教諭は、家庭においても多様なコンテンツにアクセスして情報を収集できる環境を生かし、**図１**のような授業の改善を試みた。雪や寒い地域のくらしの工夫について教科書の内容を概観した上で、気付きや疑問を洗い出して個人課題を設定し、調べてみたい事柄について３日間かけて、家庭でじっくり調べるよう子供に任せてみたのである。

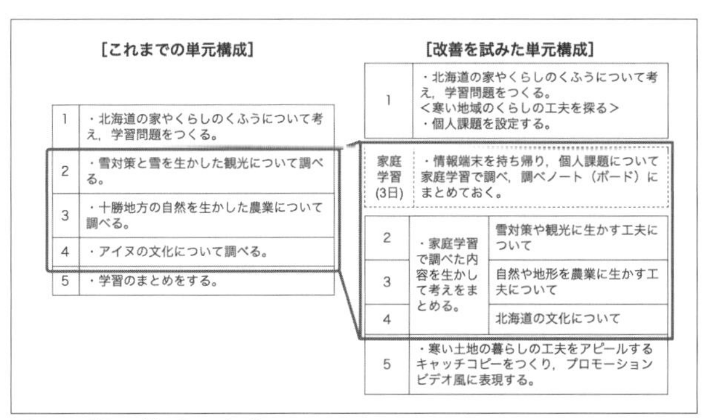

［これまでの単元構成］

1	・北海道の家やくらしのくふうについて考え，学習問題をつくる。
2	・雪対策と雪を生かした観光について調べる。
3	・十勝地方の自然を生かした農業について調べる。
4	・アイヌの文化について調べる。
5	・学習のまとめをする。

［改善を試みた単元構成］

1	・北海道の家やくらしのくふうについて考え，学習問題をつくる。<寒い地域のくらしの工夫を探る>・個人課題を設定する。	
家庭学習(3日)	・情報端末を持ち帰り，個人課題について家庭学習で調べ，調べノート（ボード）にまとめておく。	
2	・家庭学習で調べた内容を生かして考えをまとめる。	雪対策や観光に生かす工夫について
3		自然や地形を農業に生かす工夫について
4		北海道の文化について
5	・寒い土地の暮らしの工夫をアピールするキャッチコピーをつくり，プロモーションビデオ風に表現する。	

図１　単元構成の変化

写真２　児童が作成した個人の調べノートの例

一見すると同じ５時間の単元構成に家庭での調べ学習が挿入されただけのように見えるが、学校での授業が、「調べる」ことを中心とした時間から、家庭で調べた多様な情報を持ち寄って自分たちで「整理して考えながら学び取る」時間へと変化している。児童は、各自の課題に応じて**写真２**のような調べノートを作成して授業に臨んだ。

調べる手順は、クラスルームを参照すれば常に確認できるようになっている。①デジタル教科書、②先生が指定したNHK for Schoolのコンテンツ、③本やインターネット検索の順で行うよう指示されており、共通の資料を参照しながら調べた上で、自由に検索などを行うようになっている。

各自の調べノートはデジタル化されているため共有が容易になる。学校の授業では、**写真３**のように各自の意見の違いや類似点を見つけたりしながら、「北海道の農業にはどのような特色があるのか」という課題に対する自分たちなりのまとめを、共同編集作業でつくり出していくことになる。クラウドサービスの利用によって学習の成果が家庭から学校

写真３　個人で調べた事柄を共同編集で整理

写真４　子供たちのまとめに助言

へと連続的に引き継がれ、課題の解決のために情報活用の力が発揮される学習になってきている。

子供に任せる時間が増えたことで、先生の立ち位置にも変化が見られるようになってきた。黒板の前で説明や指示をする姿が減り、**写真４**のように子供に寄り添って整理の仕方やまとめ方に助言をするなど、子供自身の疑問や気付きを大事にする姿が多く見られるようになってきている。

「学び方」で教科等間のつながりを強める

家庭に情報端末を持ち帰らせ、調べる活動を子供に任せたことで、子供たちの「調べ方」など、学習の仕方がよく見えるようになってきている。情報の集め方や整理の仕方は実に多様であり、作成されたノートからは、一人一人の関心やスキルの獲得状況を見取ることができる。

主体的に検索する機会が増えたことで、検索行動の特徴も見えるようになってきた。子供たちの検索は画像検索が多く、調べノートには、画像検索の結果上位に位置した情報が書かれ、ヒットした画像は見ていても、それに付随する情報は吟味していないことが多いと分かってきた。興味や関心に従って意欲的に調べるようになってきたが、適切な情報を得ているかというと実はそうでもないのである。このような実態から、長谷川教諭は、国語科「新聞記事を読み比べよう」の学習で出典の大切さを学習したことを生かして、社会科の調べノートに書かれた情報の出典を子供たちに自己点検させた。当然、出典は不明な場合が多く、改めて不確かな情報も混在するインターネットの情報の特性、出典を明記することや引用の仕方などを指導することができた。子供たちにとっては、教科間のつながりを意識しながら学習の仕方を学ぶ機会となった。

写真５　国語の授業で情報の探し方を考える

持ち帰りを活用するにあたって心掛けている点

子供に任せ、情報活用の力を発揮する機会を設けたことを、その子自身の学び取る力として身に付けさせていくためには、情報を活用することのよさを子供自身が実感できるようにすることが大事だと考えている。振り返りの機会を設け、自分たちの話し合いや考えを深めることに、情報活用の仕方がどのように関係しているのか、「情報」や「ツール」の活用の仕方を自覚させることができるように心掛けている。

また、持ち帰りによって、「授業でやるべきことが宿題となった」ととらえられないように留意している。あくまで、学校の授業での学びを充実させることが第一であり、そのために、家庭でも予習的に取り組むことが必要なもの、復習して定着を図ってほしいこと、もっと関心を広げてほしいことがあると考えている。大事なのは、家庭での学習に取り組む内容や方法を示唆しながら、子供自身が自らの

「課題」として意識できるような動機付けの工夫なのである。課題を出して後は子供にお任せではなく、子供にとって「取り組みたくなる」「解決したくなる」課題であることを大切にしたい。そのためには、日々の授業が、「もっと調べたい」「もっと考えてみたい」という子供たちの気持ちを引き出すものとならなければいけない。

「学校から宿題を出してほしい」と望む保護者の声もあるが、子供たちにとって大切なのは、一律に一定量課された課題をこなすことよりも、自律的に学ぶ力だという考えに立って、保護者の理解を得ることも肝要である。

本校では、子供たちが自律的な学びへと向かうことができるように、情報を活用して学び取るための学習指導を丁寧に行い、家庭とも共有できるように努めている。これからも、学習の自己管理がしやすくなるオンラインツールを積極的に活用し、学校での「授業」と家庭での「学習」の連携・往還のある授業づくりを一層進めていきたい。

児童に表れてきた変化と今後の課題

長谷川学級の子供たちに、「先生に教えてもらう授業と自分で調べてまとめる授業ではどちらがよいか？」と尋ねてみると、多くの子は、「時間がかかっても自分で調べる授業がよい」と答えた。さらに、その理由を尋ねると「自分のまとめ方でまとめたほうが頭に入りやすい」と言う。では、「他人と違う自分のまとめ方ってあるのか？」と尋ねてみると、「できるだけ大事なところを選んでまとめるようにしている」「伝える相手に、一目で分かってもらえるように図を入れている」など、自分にとっての理解のしやすさだけでなく、相手への伝えやすさを意識していることが分かるし、そういう自分の調べ方やまとめ方を自覚できるようになってきていることが分かる。

また、家庭で自分のペースで調べているために、子供たちの興味や関心は確実に広がっている。ある子は、ジャガイモの生産量が多いのは北海道だけではなく、長崎や鹿児島など、北海道とは真逆の地方でも多いことに気付いた。教科書には書いていないのだが、生産量が気になってネットで検索しているうちに分かったらしい。さらに検索を重ね、長崎がジャガイモの伝来地であることや暖かい地方でジャガイモを生産する利点などにも気付いている。寒い気候を生かした農業について、自分なりにメリットとデメリットに分けて情報を整理した子もいる。これも、教科書にデメリットは記述されていないのだが、「なんでなんだろう、こういうことはないのだろうかと思ってネット検索で調べていたら、デメリットが出てきた」と言う。余裕を持って、子供に任せたから生まれた気付きであると言える。

子供に任せる割合を増やしてきたことで、情報の収集や整理の力は付いてきた。これから課題となるのは、調べてまとめた結果を発表して、「よく調べたね」という意味での拍手で終わる授業から脱却することである。一つの発表に対して、質問や意見を交わすなど対話を通して考えを深め、更なる疑問についてもう一度家庭で調べるなど、学校と家庭の学習の一層の循環を実現していきたい。

GIGAスクールの環境は、子供たちが自律的に学ぶ力を付けていくことと深く関わってくると思っている。長谷川学級の取組を見ていると、大学生が自己調整しながら期限までにレポートを仕上げる過程で様々な学びを得ているのと似たようなことが起きていると感じる。今後も、情報活用能力の育成や家庭との連携を視野に授業を再設計し、「先生が教える授業」から「子供が学び取るための学習指導」への転換を進め、一人一人が自律的に学ぶ力を高めることができるようにしていきたい。

（校長　菅原弘一）

校内研究を核にした教員研修で、ICT活用技能格差を解消

東京都中央区立阪本小学校

本校ではICT活用とプログラミング教育を研究しており、校内研究授業を核にタブレットPC活用の実践と教員研修に取り組んでいることが特色である。ICT活用技能を高めるための教員研修には様々な方法があると思うが、その実践事例を紹介し、教員の活用技能格差の解消にも触れたい。

教員研修の具体的な方法については、追って四つの視点から述べる。

本校のICT活用とプログラミング教育の概要（研究の経過）

本校は全校194名の小規模校であり、ICT機器を活用し、「学びの充実につながる指導法の工夫」について研究を始めた。平成30・令和元年度は、東京都教育委員会プログラミング推進校、中央区教育委員会研究奨励校の指定を受け、「学びの質的改善につながる指導法の工夫～ICT機器を活用した授業実践とプログラミング教育の推進～」の研究発表を行った。４年間の実践研究を通して、ICT機器活用の体系表、プログラミング教育の年間指導計画もまとまった。校内研究授業を核にタブレットPCを活用し、その実践を通して、事実上の教員研修が進んだ。

校内研究授業でのICT機器の活用

令和３年度に年間で５回の研究授業を行った。活用したICT機器は全てタブレットPCとBIG PADの組み合わせ。使用したアプリケーションは、SKYMENU、プログルである。

【５年生　算数科「プログルを使って正多角形を描く」】

児童一人一人がタブレットPCを用いて、プログルというアプリケーションを操作することで、正多角形の描き方について学習した。

【１年生　生活科「生活リズムを見直す」】

児童一人一人がタブレットPCを用いて、自らの生活を振り返り、どうしたらよりよい生活を送ることができるかを、SKYMENUを使って、友達と意見交換しながら考える学習をした。

【２年生　算数科「三角形と四角形を弁別する」】

児童一人一人がタブレットPCのカメラ機能を使用して、校内にある三角形や四角形の形を見つけて撮影した。SKYMENUを使って、その弁別方法について、友達と意見交換しながら考える活動をした。

【４年生　体育科「マット運動の技を練習・録画し、組み合わせを考える」】

グループごとに、SKYMENUのカメラ機能を使っ

て、技を撮影して練習に取り組んだり、技の組み合わせを考えたりする活動を行った。また、練習の過程で、模範動画を保護者のタブレットPCに送信し、家庭での練習・声かけの協力を求めた。

写真１　研究授業の様子（４年体育科）

【特別支援教室　自立活動　「サーキット運動を児童が自ら考え行う」】

児童が考えたサーキット運動を行う活動を通して、動画を撮影し、自分や友達の動きを確認しながら、よりよい方法を追求する活動に取り組んだ。

以上の５本の研究授業を通して、タブレットPC等ICT機器を活用し、次の三つの視点（①深い学びにつながる対話的な学習、②プログラミング的思考を育成する学習、③ICT機器を効果的に活用した指導と評価）から深い学びと授業改善を目指した。

教員研修の実際と教員の活用技能格差の解消方法

（１）校内研究授業でICT機器の活用を必須として取り組み、技能を高める

前項で述べた研究授業を通して、効果的なICT機器の活用を集中的に行うと、児童のICT機器活用技能の向上と教員の活用技能向上の二つが狙える。児童のICT機器活用への意欲はもともと高いが、授業の中で、ICT機器を使う必然性、必要感をもたせると、その技能は飛躍的に向上する。それは教員についても同様で、「必要は発明の母」の言葉どおり、階段を一気に駆け上るが如く技能は仕事を通して見事に向上する。

例えば、算数の研究授業でムーブノートというアプリケーションを活用した機会があった。なかなか優れたソフトで、児童同士が考えを共有し、意見を書き込むことができるなど、有用性が確認された。授業を行った教員の活用技能が高まったのはもちろんだが、参加した教員もムーブノートに興味を示し、自分でも活用しようと、教員同士で教え合い学び合って研修する場面が見られた。研究授業を核とし、波及効果として、研修し技能が高まる一例である。

本校では、今年度異動してきた教員のうち３人が授業者となった。結果として活用技能が向上し教員間の格差は生じなかった。教員の技能格差を心配する学校も多いと思うが、校内研究の教科は何であれ、ICT機器活用を必須の条件として授業に取り組めば、この問題もある程度は解消できるのではないか。研究主題の副題に「〜タブレットPC・ICT機器の活用を通して〜」等を入れてもよいと思われる。

●研究協議会でJamboardを活用した教員研修例

本校では、研究協議会でJamboardという機能を使って話し合いを行っている。つまり、教員各自がタブレットPCの画面上に感想・意見を記入して整理し、それを教員全体が共通に見られるという機能である。初めてこれを行った時は、各自のパソコン活用技能を高める教員研修の一環であったとも言える。この方法を用いれば、模造紙も付箋もいらず、時間的にも効率的に情報を整理でき、協議を深めることができる。

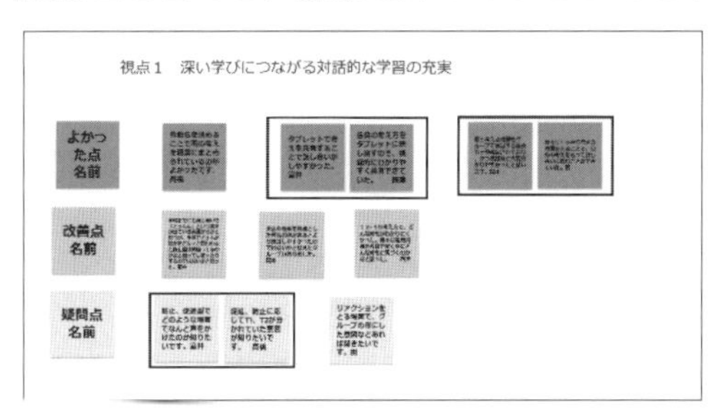

写真２　Jamboardを活用している画面

（２）校内OJT研修や初任者研修でICT機器の活用を必須とし、その視点からも指導し、技能を高める

この研修の前提として教育委員会主催のICT研修への参加は必須である。教育委員会発行の「ICT機

器活用の通信」などがあれば、そこで謳われる技能は必ず身に付けさせる。

また、最近のコロナ禍にあって、meet等を活用したオンラインの研修や研究の機会が多く、ICT機器を活用する体験の充実が見られたことも記憶に新しい。

校内のOJT研修や初任者の授業指導は、単発ではなく、２週間に１回など数回連続して実施すると効果が大きい。上記（1）で述べた集中の原理がここでも生きると思う。また、「基本活用技能（目標）体系一覧表」「教員ICT機器活用チェックリスト」等があれば、児童の到達段階や今教員の自分がどの段階にいるか客観的にわかるし、次に何をできるようになればよいか、その努力の目標も明確になる。

①教育委員会作成の冊子や技能到達目標一覧を活用した自主学習会

本校の属する区教育委員会では、学校と連携して「区立学校タブレット端末活用事例集」と「区タブレット端末の基本技能到達目標一覧」を作成した。前者は、学校ごとに各教科の単元でICT機器を活用した優れた取組例をA4にまとめた約50ページの事例集である。学年会等でこの冊子を参考にICT機器を活用した学習指導計画を立て、教材研究をすることができる。すでに実践済みの事例なので、無駄なく効率的、効果的に準備でき、有効な教員研修と言える。

後者は、低中高学年ごとに、タブレット端末の基本的な操作技能やSKYMENUやミライシードといった主なプラットフォームの児童の技能到達目標一覧表である。児童が身に付けねばならない技能であるから、教員には当然それを指導できるだけのより高い技能が求められる。これも学年会や低中高学年会ごとに、その内容を確認し、時間を見つけて自主的に研修して技能を磨き、教材研究をする必要がある。

②教員各自が始めに体験する校内OJT研修の実際

自分がパソコン操作等ICT機器の活用に堪能であればよいが、そうでない場合は、自分でその操作スキルを身に付けなければならない。つまり、ここに職場のOJTが登場する。職場のICT機器に堪能な同僚・先輩に聞いたり、書籍を参考にしたりしながら、実際にICT機器を試行錯誤で操作し、そのスキルを身に付けていく必要がある。そこに一定の時間はかかると思うが、「習うより慣れよ」で、それほど特別に難しいことではない。実際に授業で使っているうちに自然に身に付いてくるし、操作方法を子どもが教えてくれることもある。少し面白くなってくると、もうしめたものでそのスキルは飛躍的に向上することが十分期待できる。さらに職場の同僚に、より高度な活用方法をOJTしてもらえば、スキルはさらに伸び、気が付いてみると、自分がOJTをされる側からする側に変わっている。ICT活用の技能の習得は、職場のOJTを受けながらも、一定の自己努力が必要になると思う。

③初任者に行ったICT活用のOJT研修

本校では、２週間に１回、初任者の授業を見て、ベテラン教師が「ねらいに迫るために」という１時間をふりかえるための写真入りのA4プリントを作成し指導を行った。「ねらいに迫るために」は年間で25号を数えた。

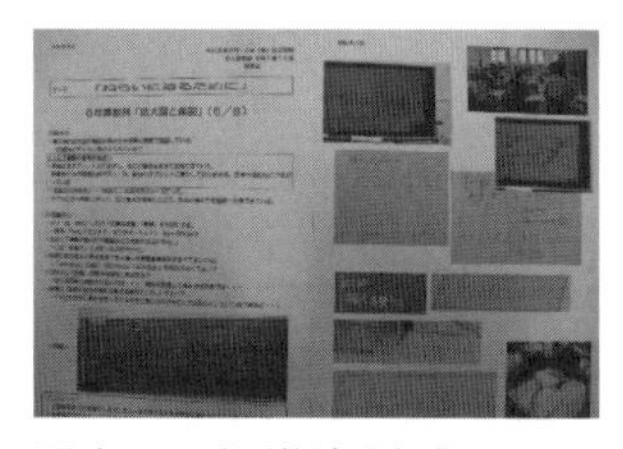

写真３　指導資料「ねらいに迫るために」

ねらいが明確か、発問は的確か、児童の思考は練り上げられたか等々、指導の内容は多岐にわたるが、ポイントは、ICT機器の活用について必ずふりかえり、年間を通してその技能が高まるよう指導を続けた点にある。定期的に授業準備を続けることで常にICT機器の活用を意識し、それがリズムとなり、ある意味で自然に、確実にICT活用技能が身に付いたハードな教員研修であったと言える。

（3）ICT支援員の活用と外部講師による指導

各校には派遣回数の差はあるにせよICT支援員が

いると思う。ミニ研修会をこまめにタイムリーに設定し必須技能を習得する。また、活用できるソフトの紹介等を聞くことができる。日常的に教員が問題意識をもって、個別にICT支援員に質問し、自分の不足点を埋める。本校ではICT支援員の取り合いのような状況がある。児童に対する授業場面での指導や支援、教員自身に対する指導と支援を日常的に求めている。

直近の本年６月、ICT支援員を活用した授業の一例を紹介したい。１年生の生活科でアサガオを育て観察する単元で、アサガオの写真の撮り方とそれを発表ノートに貼り付けて編集する技能を指導してもらった。また、観察で気付いたことを手書きの文字入力（変換機能あり）でシートに記入することもできた。１年生でもタブレット端末で写真を撮ったり、それを編集して簡単なまとめのシートを作成したりすることは十分にできる。

また、本校では校内研究で外部講師に年間を通してご指導いただいている。最近、新しい教育ソフトの紹介と活用方法について外部講師から貴重な研修の機会を頂戴した。それを２例紹介したい。

・タブレット端末を使い、グーグルスライドというアプリケーションの活用の仕方を学んだ。ある教科書会社が開発した算数の図形問題の解き方のコンテンツを題材にした。これを使うと児童自身が自由に他の児童の解き方を見ることができ、コメントを記入することもできる。パワーポイントで発表することにもつながる。教師主導でなく、より子どもの主体的な学びを保障するよい教材・方法だと思った。

・クロームミュージック（Song Maker）というアプリケーションの使い方を学んだ。音楽の授業で児童が作曲する際に使えるもので、児童が簡単に作曲の音（音階）を決めて、それがすぐに実際に音になって聞ける、使いやすく楽しいものだった。作品の共有が可能で、すぐに授業で活用できると感じた。

写真４　ICT支援員を活用した授業の様子（１年）

（４）管理職の毎日の授業観察とICT活用の指導

管理職は日常的に各クラスを見て回ると思うが、その時にICT機器が活用されているかを点検する。

本校では、一日に最低１時間は活用することを課している。数回見に行って、１回もICT機器を活用していないクラスと教員は要注意と言える。

いつも、実物投影機しか使っていない教員もいたので、タブレット端末を活用した授業展開を求めることもあった。ワンパターンの活用が多い場合は、一段高い技能の活用について指導して、多様なICT機器の展開方法を身に付けさせる。

管理職が校内のICT機器活用を推進する上での役割として、学校経営方針・計画にICT機器の活用を明記して周知することも重要であろう。校内研究、日常の授業実践はもちろん、例えば、保護者が授業を見る学校公開では、ICT機器の活用場面を必ず設定するよう教員に求める。また、自己申告の面接でも、学習指導においてICT機器の活用について必ず記述させ、年間を通してその実践具合をふりかえり点検・指導していく。

写真５　研究授業の様子（５年算数科）

今回取り上げた教員研修は一校だけで進めるものでもなく、常に教育委員会との協力・連携が必要であるし、その情報共有を通して、他校の情報活用の水準も確実に向上する。一教員の取組、管理職の発想、教育委員会の構想、講師の専門性、どれであれ、よい取組は連絡会などを通して組織的に共有し、地区の全学校のICTの活用の水準が全体として上がることを期待したい。　（校長　小川　優）

session 6

子どもが「学びとる」授業への転換

子どもたちの創造力が発揮できる学びへ

熊本市立龍田小学校
熊本市教育センター

いかに課題をジブンゴトにできるか?
～教諭時代（熊本市立龍田小学校）の実践より～

探究やプロジェクト学習を進める中で、最重要項目として考えることは、いかに課題を子どもたちの中でジブンゴトにさせることができるか、ということである。そのために進め方を工夫したり、手立てを考えたりしながら、授業の主軸を子どもたちにすることが絶対条件になる。

「みなさんは、フェアトレードという言葉を知っていますか」。これは、６年生国語「世界に目を向けて意見文を書こう」（東京書籍）に書かれた一文である。私自身が恥ずかしながら全くフェアトレードについての知識がなかった。調べるうちに熊本市がアジア初のフェアトレードシティになって10周年ということ、熊本市では明石祥子さんという方が中心になってフェアトレードを進めていらっしゃるということを知った。授業の構想が全く浮かんでいないまま、とにかく明石さんに会いに行くことにした。

明石さんとお話をする中で、「何かコラボすることで、子どもたちにとって大きな学びになり、明石さんにとってもプラスになるのではないか!?」と考えた。

「フェアトレード」を題材とした探究的学習

まず始めたことは、カリキュラム・マネジメントだった。時間と内容をより充実させるために、単元を入れ替えることにした。最初に、熊本市がフェアトレードシティである、ということを知った上で意見文を書き、さらに熊本市の現状を踏まえて自分の町の幸福論について考えて発信する、という流れの方がスムーズに進むと思った。

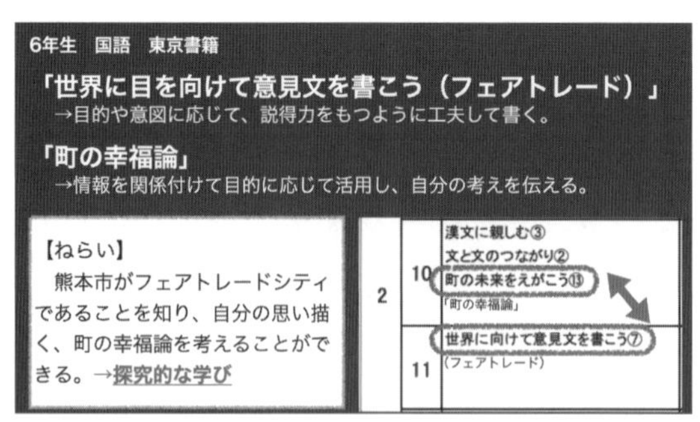

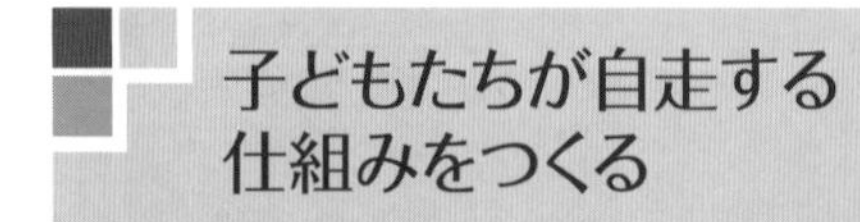

子どもたちが自走する仕組みをつくる

全体構想を考えていくなかで、やはり大事な部分は、子どもたちにとっていかに課題がジブンゴトになるか、ということだ。そのために、最初の「フェアトレードってなんだろう」という部分でしっかりと時間を取ることにした。また、教師の方から「熊本市ってフェアトレードシティなんだよ。だから、明石さんという人から話を聞くよ」と、いわゆるお膳立てをしてしまうと、子どもたちはお客さん状態になってしまう。とにかくまず、私は“何も知らない人”になった。

「フェアトレードについて意見文を書くよ」と投げかけていると、次の日には自学で、フェアトレードのことを調べてくる子が出てきた。そこで私はその子のノートをみんなに紹介し、すぐさま価値付けした。そうすると、次の日には、またフェアトレードのことを調べてくる子が増え、また私が紹介をする。さらには、タブレットを使ってフェアトレードについてまとめてくる子も出てきた。ついに、一人の子が「熊本市はフェアトレードタウンなんだって！」とたどり着いた。そこで思いっきり驚くと、全員が一斉に検索をし始めたのだ。ある子が、「先生！ 明石さんっていう人がいるらしく、フェアトレードのお店も開いているらしいです」と自分たちで明石さんにもたどり着いたのだ。すると子どもたちの興味は一気に明石さんに向かい、また誰かが「明石さんにお話聞いてみたいよね」と言い出した。子どもたちはお問い合わせフォームからメールを出せることを知り、私にメールを出してもいいか尋ねてきた。そこからは、明石さんにメールを出したり、校長先生に明石さんを学校に呼んでもよいかを尋ねにいったり、主幹教諭にお客様をお招きするためのコツを尋ねにいったり、どうやって明石さんとの交流会を成功させるか、という共通の課題をもち子どもたちが一気に動き始めた。子どもたちが自走し始めたのだ。

明石さんが学校に来てくださると決まってから、子どもたちが、交流会を成功させるために考えた役割は「企画部」「おもてなし部」「学年広報部」の3

つだった。

交流会に向けて、どんどんと子どもたちが自走していくのがわかった。3つの役割それぞれが交流会を成功させるために必要なことを考え、準備を進めた。子どもたちの中には、「どうすれば明石さんが来てよかったと喜んでくれるだろう」「どうやったら6年生のみんなが来てもらってよかったと思えるだろう」ということを一生懸命に考えて、自分にできることに取り組み続けた。

いよいよ交流会当日！ 準備期間は短かったが、とても密度の濃い時間を過ごして交流会当日を迎えた。子どもたちは朝からソワソワしていた。

次の目標への スイッチが入った瞬間

交流会が始まり、明石さんのお話を聞く時間になった。明石さんがどんなことを語られるのかなと楽しみだった。

「お手紙をくれてありがとう。この飾り付けや言葉、みなさんのおもてなしの心が嬉しくて感激してきました。みなさんのフェアトレードを学びたいという気持ちが嬉しかったです」

明石さんはこうおっしゃって、涙を流された。子どもたちは明石さんの涙に衝撃を受け、心から、準備してよかったと感じていた。

明石さんは、まず、カカオ農園で働く子どもの動画を見せてくださった。この子どもたちは、チョコレートを食べたことがなく、自分たちが何をさせられているのかもわからずに働かされている子どもである。明石さんは、「熊本市はフェアトレードシティ10周年なのですが、まだまだフェアトレードのことを知らない人がたくさんいるんです。どうか力を貸してください」とおっしゃった。すると、今までは「交流会を成功させる」という目的に向かって走っていた子どもたちが、「明石さんが困っている！ 自分たちにできることは何だろう？」と思い、「フェアトレードのことを広めたい！」という新たな目標へと課題が移っていったのだ。次の目標へのスイッチが入った瞬間だった。

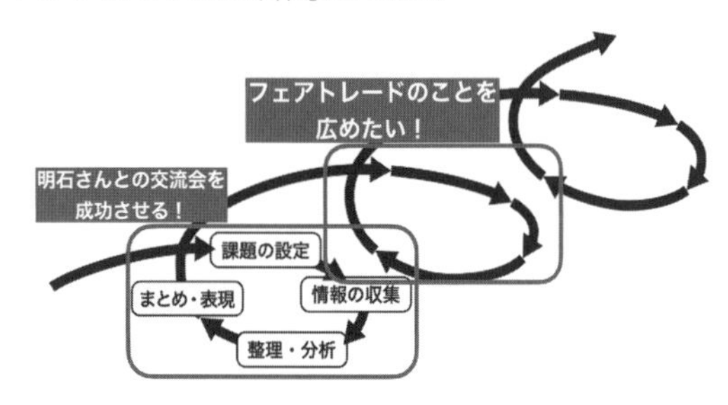

子どもたちの創造力が溢れる学び

子どもたちは、「フェアトレードが当たり前の世界に」を合言葉に、どうすればフェアトレードを広めることができるのかを考え始めた。子どもたちが考えたアイデアは、CMやポスター、デジタル絵本などだった。子どもたちは自分でどれをつくるのかを選択し、友達と協働していった。それぞれの強みを生かした選択ができていたので、一人一人が本当に生き生きと活動していた。構成を考えたり、キャッチフレーズを考えたり、絵を描いたり、音楽をつくったり。私の想定をはるかに超えるものがどんどんと出来上がった。

教室から飛び出した学びへ

明石さんから嬉しいお誘いをいただいた。それは、国際フォーラムへのお誘いだった。たくさんの企業の方に、子どもたちのアイデアを直接聞いていただけるチャンスをいただいたのだ。子どもたちは話し合いを繰り返し、国際フォーラムでは、CMを中心に発表し、デジタル絵本やポスターもできれば発表しようと準備をしていた。すると、熊本市をホームタウンとするプロサッカーチームである、ロアッソ熊本の方に声をかけていただき、スタジアムの大きな電光掲示板にCMを流していただけることになったのだ。さらには、蔦屋書店さんにも声をかけていただき、デジタル絵本をお店で流していただけることになった。

どうすれば子どもたちが課題をジブンゴトとして捉えることができ、学びに夢中になってくれるかと手立てを考えてきたが、まさかここまで学びが広がるとは想定していなかった。子どもたちの創造力が、私の想定を軽く超えていったのだ。教室の中だけでは完結しない。人と社会が繋がる学びというのは、子どもたちの意欲や経験値をグッと引き上げ学

びが深く濃くなることを実感した。

さらに物語は続くのだが、熊本エデュケーションウィークというイベントに、「デジタル作品コンテスト」というものがあり、一人の子が、タブレットを使って絵を描いてきていた。その絵は「鏡に映った世界の現実」という題名で、テーマは何と「児童労働」だったのだ。この子は、フェアトレードについて学んだことをきっかけに描いたと言っていた。確実に、あの交流会で明石さんに見せてもらった動画、明石さんから聞いた話にインスピレーションを得ていた。

この絵は、コンテストで準グランプリを受賞した。子どもが社会の現実を知り、自分にできることは何かと考えて探究し、感じたことを絵に表す、まさに子どもが学びとるということが実現した結果出てきた作品ではないかと思う。

先生方の悩み、新たなフェーズへ
先生方と一緒に授業づくりをしていく指導主事

先に紹介した実践の翌年度、熊本市教育センターに異動になり指導主事となった。本市がタブレットを導入してから４年。2021年度末に行ったタブレット端末活用状況に関するアンケート（http://www.kumamoto-kmm.ed.jp/files/87997/1707698003.pdf）では、授業や校務の中で端末活用は浸透してきていることがわかる。センターに届く研修依頼の内容も、アプリの基本操作ではなく、授業でのICTの効果的な活用というような依頼が増えていることから、現場の先生方の悩みが新たなフェーズに移ったのではないかと考えられる。そもそも本市におけるICT機器の導入は、主体的・対話的で深い学びを実現することであり、そのためにも「先生が教える授業から子どもたちが学びとる授業への授業改善」が必須となった。

4 「子どもが学びとる」授業への改善（例）

【 教師が教える 】
教師
知識・技能
テスト
知識・技能

授業改善

【 子どもが学びとる 】
めあて
必然性のある課題の解決
対話
自分の考えを外に出した相互作用
学びに向かう力 人間性の涵養
思考力・判断力・表現力
知識・技能
振り返り
教師

タブレット端末を導入したものの、主体的・対話的で深い学びである、子どもたちが主軸になる授業づくりができているのか、変えていきたいけど具体的にどのように変えればいいのかわからないと感じる先生もいると考えた。これは、私も現場にいる時にいつも悩んでいたことだった。そこで、私が今の立場でできることは、授業づくりの段階から先生方と関わって、一緒に授業をつくっていくことだと考えた。今後、教育センターの指導主事として、現場意識を忘れず、授業改善に向けてお悩みの先生方が次のフェーズに進めるようなきっかけづくりができれば嬉しい。

その結果、「鏡に映った世界の現実」を描いた子のように、自分の考えを、創造力を最大限に発揮しながら表現できるような子どもたちが増えてくれれば最高だ。

（元熊本市立龍田小学校教諭・
熊本市教育センター指導主事　山下若菜）

message

学習者中心の学習になぜICTは必要か

大阪教育大学准教授
寺嶋浩介

GIGAスクール構想において導入されたICT端末は、学習者中心の学習において活用されることで効果を発揮する。その立場から本稿では、学習者中心の学習をどのように捉えるか、なぜそこにICTを活用することが望ましいのかということについて説明する。

学習者中心の学習

ライゲルースら（2020）は、学習者中心の学習として、以下のような原則を示している。

（1）**達成基盤型のインストラクション**：学習者の進捗は、時間よりも学習進度に基づくべきである
（2）**課題中心型のインストラクション**：インストラクションは、真正な課題のパフォーマンスを中心に構成すべきである
（3）**個人にあわせたインストラクション**：課題遂行時のインストラクションは、個人にあわせるべきである
（4）**役割の変化**：教育者・学習者・テクノロジーの役割を転換すべきである
（5）**カリキュラムの変化**：カリキュラムを拡張・再構成すべきである

（1）や（3）に関しては、多くの方がおそらく理想とはするが、40人もいる教室でどのようにできるだろうか、ということを一度は考えたことがあるのではないだろうか。(2）は最近パフォーマンス評価などを通してよく言われることである。(5）については、最近ではSTEAM教育など一つの教科の枠組みには当てはまらない内容が提案されている。

以上を踏まえながら、(4）での教師の役割について考えてみる必要がある。ここでは、例えば「学習者のゴール設定を支援すること」「学習者の行う自身の課題設計や選択を支援すること」「課題の遂行を促進すること」などが挙げられている。要は、学習者が自律的に行うことを、教師はどのように支援するかということを考えて実行するということが、学習指導において求められている。

また、学習者にも役割変化が求められる。例えば、学習者は能動的であること、自己調整スキルを発揮すること、学習者であると同時に指導者でもある（他の人に教えることにも関わる）ことなどが挙げられている。

責任の移行モデルと学習者の責任

前述した「学習者中心の学習」を説明されても、教師にとってみれば全てを子どもに委ねるわけにはいかないと思うだろう。また、子どもの発達段階によってもどのように実施するかは異なってくるはずである。「学習者中心の学習」といっても、これは目指すべきところで、端末を手にしたからといっ

て、急にその段階へシフトさせることはできない。

学習者中心の学習へと移行するために、フィッシャーとフレイ（2017）による「責任の移行モデル」が参考になる。責任を教師が持つのか、子どもが持つのかという視点から、４段階からなる責任の移行を提案している。

（1） **焦点を絞った指導**：教師が目的を設定する、見本を示す（実演してみせる）、考え聞かせをする、気づくことなど
（2） **教師がガイドする指導**：教師が質問する、ヒントを与える、指示をすることなどによって、数人の子どもがスキルや知識を身に付けるための足場をかけること
（3） **協働学習**：子どもが学んだ知識やスキルを応用し、互いに助け合いながら、さらに豊かな学びを創り出すこと
（4） **個別学習**：教えられた（学んだ）ことを応用すること

（1）～（4）において、責任の所在が変わってくる。（1）にはより教師に、（4）へ行くに従って子どもへと移行していくことが想定されている。

短期的な単元レベルの授業、長期的な年間指導計画等においても、この四つの段階を行きつ戻りつしながら授業を作っていく必要がある。

教師は、学習者が責任を負う学習場面を設けられるように、教科内容だけではなく、学習者に学び方を身に付けさせることが求められる。

学習者中心の学習とICTの活用の接点は

さて、学習者中心の学習はICTの活用にどのようにつながるのか。これまで、理想像として学習者中心の学習を思い描いても、学習者が協働学習や個別学習を進めるための環境が不十分であった。そこで教師が多大な努力を払って教材を整備したり、子どもに個別に対応するなどしてきたが、多くの教師には難しい問題であった。

１人１台のICT環境は、この課題を乗り越えることができる可能性がある。それは、以下のようなメリットがあるからだと言える。

（1） 自分で調べたい情報を入手できる
（2） 得た情報をまとめて、様々な方法で表現することができる
（3） まとめた情報を他者と共有し、相互に活用することができる

情報の受発信が可能なツールとしてICTを活用することができるため、これまで手取り足取り教師が準備をしていたところから離れて、学習者に主導権がある活動がやりやすくなるのである。

このことを充実させるためには、もちろんICTを渡すだけで教師の役割は終わらない。ICTを活用して学習を進めていくためのスキルを身に付けさせることを考えないといけない。狭義のスキルとしては、タイピングやアプリの基本的な活用といったICTスキルがあるだろう。しかし、ここにとどまらず学習をどのように進めていけばよいのか、そもそも学習とはどういうことなのか、などを理解させる必要があるだろう。そして学校の学習だけではなく、今後私たちの人生において学習をすることがいかに重要で、そこにICTが欠かせないのかをときには経験を通して学習させることが求められる。

そのためには、ICTが私たちの中で必要不可欠な存在であることや新しいテクノロジーがどのような可能性を持つのかということを常に考えながら日々を過ごしたい。教育は大きく未来と関わっているという視座を持って、子どもに関わりたい。

[引用文献]

- ダグラス・フィッシャー、ナンシー・フレイ著／吉田新一郎訳『「学びの責任」は誰にあるのか 「責任の移行モデル」で授業が変わる』新評論、2017年
- C.M.ライゲルース ほか編／鈴木克明監訳『学習者中心の教育を実現するインストラクショナルデザイン理論とモデル』北大路書房、2020年

Profile

てらしま・こうすけ　大阪教育大学高度教職開発系准教授。専門分野は教師教育学（特に教育工学、メディア教育）。テーマとしては、教師のICT活用指導力の育成、教員研修のデザインと評価に興味がある。

実践×研鑽×癒しを１冊で叶える多彩な連載

連載ラインナップ

▶ニューノーマル時代の教育とスクールリーダー

●異見・先見 日本の教育〈各界著名人によるリレー提言〉
＊教育は、どこに向かうべきか。識者による骨太の論説で学校経営のヒントを提供。

●直言 SDGs×学校経営～ニューノーマル時代のビジョンと実践～／住田昌治（学校法人湘南学園学園長）
＊学校の日常をSDGs の視点から見直し、これからの学校経営の進め方を提言。

●ニューノーマルの校内研修／村川雅弘（甲南女子大学教授）

●誌上ワークショップ！ 目からウロコの働き方改革／〈リレー連載〉澤田真由美（先生の幸せ研究所代表）ほか

▶次代に向けた授業イノベーション、今日からの第一歩

●"普通にいい授業"を創る／奈須正裕（上智大学教授）
＊資質・能力ベイスの授業づくりをこれからのスタンダードにする知恵とワザを伝授。

●学びの共同・授業の共創／佐藤雅彰（学びの共同体研究会）
＊誰一人取り残さない協同的な授業と教師の学び合いについて、実践例をもとに考える。

●未来を切り拓く総合的学習〈各地の学校の取組み紹介〉
＊先行き不透明な時代に一筋の光となる「総合」の学びを探る。

●子どもが創る授業Ⅲ／西留安雄（授業改善アドバイザー）×授業実践者

●生徒指導の新潮流／伊藤秀樹（東京学芸大学准教授）
＊12年ぶりに「生徒指導提要」が改訂。注目の新視点や手法は？

●実践先進校レポート〈各地の学校の授業ルポ〉

▶とことん現場目線　教師のホンネ・学校の日常に迫る

●教師生活が楽しくラクになる 魔法の作戦本部／諸富祥彦（明治大学教授）
＊がんばりすぎて消耗している先生方に送るポジティブヒント。

●玉置祟の 教育放談／玉置 崇（岐阜聖徳学園大学教授）

▶学校現場発！　校長の流儀 ＋ 若手教師の叫び

●校長のお部屋拝見〈校長によるリレーエッセイ〉

●聞いて！ 我ら「ゆとり世代」の主張〈20・30 代教師によるリレーエッセイ〉

▶視点がひろがる、学びが得られる、心癒される —— とっておきアラカルト

●"ふるさと"と私〈各界著名人によるリレーエッセイ〉

●「こころ」を詠む／髙柳克弘（俳人）

●「教育漫才」笑劇場／田畑栄一（埼玉県越谷市立新方小学校長）

カラーグラビア

◆インタビュー・子どもを変える神コーチ
＊様々な分野の「教える」達人を訪ね、子どもの生き方、心に変化を起こす極意に迫る。

◆時空に遊ぶ～曼荼羅のいざない～／フミ スギタニ（ペン画作家）

◆一街一夜物語／中村勇太（夜景写真家）

◆わが校自慢のゆるキャラ紹介

＊特集タイトルは変更になる場合があります。

■読者限定WEBスペシャル・コンテンツ

✓ Vol.○のイチ押し——ここ読んで!
✓ 実践者からのメッセージ
✓ 学校だより・学級だよりにつかえる「今日は何の日?」
✓ 学級だよりに役立つカウンセリング・テクニック
✓ 直近 教育ニュース・アーカイブ　ほか

＊各巻掲載のQR・URLからアクセスしていただけます。巻ごとに異なる内容です。

●お問い合わせ・お申し込み先
㈱ぎょうせい
〒136-8575 東京都江東区新木場1-18-11
TEL：0120-953-431／FAX：0120-953-495
URL：https://shop.gyosei.jp

“ふるさと”と私

失敗も成功も体験と経験が大事！

タレント・医学博士
佐藤弘道

こんにちは。NHK「おかあさんといっしょ」第10代体操のお兄さん、佐藤弘道です。私は父の実家が東京都新宿区にあったため、新宿区に生まれ、大学一年生まで中野区で育った。子どもの頃は友だちが住んでいるマンションの敷地内やデパートの中で「鬼ごっこ」をし、よく大人に捕まって叱られた。まさに「鬼ごっこ」だ。都会の公園は小さくてボールあそび（野球やサッカー）などは出来ない。塾にはほとんど通わず、体操教室、水泳教室、トランポリン教室など、運動中心の生活だった。そんな少年時代、一番夢中になって通っていたのは柔道だ。中野警察署内にある道場に通っていた。道場が開くまで署内のベンチで座って待っていると、時々、警察に捕まった犯人が手錠を掛けられたまま目の前を通ることがあった。その犯人からすれ違い様に「何、見てんだ！小僧！」と言われた時は、子ども心ながら「絶対に捕まるより、捕まえる人になりたい」と思った。これこそ活きた本物の「社会科見学」だった。

そして、私のもう一つのふるさとは母の実家があった埼玉県秩父の山奥にある「小鹿野町」だ。つい数年前までコンビニエンスストアが無かった（笑）。しかし、ここには都会には無い山や川という大自然がある。夏休みにはじいちゃんと一緒に山の中を散歩をしたり、友だちと山道の下り坂を誰が一番遠くまで転ばないで走れるか競争をしたり（この遊びのお陰で足のさばきが早くなり、走る歩幅が広がり、小学生の頃はいつもリレーの選手だった）、カブトムシや山菜を取ったり、川に潜って魚を取ったり、冬休みは大きな田んぼが自由に走り回れるグラウンドとなり（足場の悪い田んぼの中やあぜ道を走ることでバランス感覚を養えた）、凧揚げやキャッチボールで日が暮れるまで思う存分遊んだ。子どもの頃の私は、都会と田舎が最高のふるさとで、自分自身の運動能力を向上させる絶好の遊び場だった。

こうした自由奔放に活発に動き回れる環境の中だったので、失敗も数多くある。例えば、小学生の頃に川へ魚を取りに行く時に「モリ」を持って行く。魚を探して川の中を歩いている途中でつまずき、持っていたモリが足に刺さったことがある。多摩川（登戸）に釣りに行った時は大きなコイが釣れ、釣り針を外している最中にコイが暴れ、その釣り針が自分の指に刺さって抜けなくなり、そのまま病院に駆け込んだこともある。幼児期は自宅のポストに手を突っ込み取れなくなり、無理やり手を引いたら指紋がズレるほど指を切った。一人でヨチヨチと自宅の隣の犬と遊ぼうとしたら、突然首を噛まれ血だらけになった。命に関わるような怪我も経験した。高校一年生の時に体操のつり輪の練習中に頭から落ち、頸椎の４番目と５番目がズレて、元に戻す大きな手術をした。その他、大学の体操発表会の最中に左手を強打して手首の舟状骨が折れて手術、社会人になっても鎖骨の剥離骨折や足の腓骨の骨折、最近では膝の半月板が割れて除去手術をした。今では笑い話の一つでもあるが、これは命があってのことだ。

今の世の中「失敗をしたくない、させたくない」という人が多く見受けられるように感じる。自分自身の失敗や我が子の受験なども含めて失敗をさせないようにする。気持ちは分かるが、失敗を恐れては成長はない。そして何より、「失敗を恐れすぎて何もしないこと」が一番怖い。失敗をして、そこから成功に向かう気持ちが大事だ。親も子どもの目の前で失敗をし、そこから這い上がる姿勢を見せることで子どもに勇気を与える。先生も同じだ。生徒の目の前で失敗をしても、そこから前に進むことで生徒から共感を得る。「失敗をしてもいいんだよ」。完璧な人間は世の中にはいない。だからこそ、少しでも余裕を持った「心」を育みたいものだ。体験と経験は多い方がよい。育児にも失敗はつきものだ。私の経験上、第一子と第二子では育て方もガラッと変わる。それは第一子が子育ての勉強をさせてくれたからだ。ふるさとでの思い出と数々の大失敗は、今では私にとって人生の最高の財産となっている。

● Profile ●

さとう・ひろみち　1968年7月生まれ。NHK「おかあさんといっしょ」第10代体操のお兄さんを12年間、NHK「あそびだいすき！」を3年間、計15年間教育番組にレギュラー出演。有限会社エスアールシーカンパニーを設立し、幼稚園・保育園・こども園の体育指導や課外体操教室で指導。その他、全国で親子体操教室や指導者実技研修会、講演会を行う。日本体育大学体育学部卒業。弘前大学大学院医学研究科博士課程修了。医学博士。大垣女子短期大学客員教授。朝日大学客員教授。名城大学薬学部特任教授。日本体育大学非常勤講師。

談志は教育者ではなかった

入門

18歳で弟子入りした時、師匠の立川談志からこう言われた。「僕は君の師匠であって教師ではない」と。まったく同じでなくても似たようなものと思っていただけに面くらった。

付き人として行動をともにするうち、漠然と分かってくる。弟子入りは入社でも入学でもなく、入門なのだと。仏門に入るのに近く、師匠と弟子に明確に分けられ、従弟制の中で修行をすることなのだと。

修行を談志は「理不尽に耐えることだ」と言った。なるほど無理難題が持ち込まれる。できないまでもチャレンジすることが大切で、嫌な顔はできない。したら最後、こうなる。「嫌ならやめろ。こっちがいてくれって頼んでるんじゃない。君がおいてくれってぇからおいてやってるんだ」。弟子入り時を思い出す。「何でもやりますから弟子にしてください」と言ったのだ。

「教師は生徒と同じ高さの目線で」などと言われるがこれも当てはまらない。物理的な高さではなく、気の持ちようのことだ。例えば稽古だが、教える側が一方的に喋り、教わる側は全身を耳にして聞く。ましてやテープレコーダーのない時代のプレッシャーは大変なもので、そこへ師匠から「飯でも食ってけ」と言われると、ありがたいのに万事休すだ。早く辞去し、その道すがら稽古がしたいのだ。

小言の途中の口答えも許されない。「口答えをする口でなぜ謝らない」と小言がまた増えるのだ。一年ほど経った頃、卒然と気づく。降りかかる様々なプレッシャーは試されていたのだと。あえて負荷をかけて本気度を見る。そこを潜り抜けた者だけが弟子になれるのだ。それが証拠に認められた途端、負荷が解かれるのだ。小言にしてもコツがあると分かる。「何でもいいからとにかく頭を下げろ。頭を下げると小言は上を通り過ぎる」との楽屋の格言を知り、その通りにすると、小言はすぐに終わるのだ。入門後の1年間は若さがあってもキツかった。72キロあった体重が59キロになった。でも「談志の弟子はダイエットにいい」とのネタはできた。

選挙

普通、ここで寄席に入り、楽屋修行が始まるのだが、何と翌1971年、談志が参議院議員選挙に立候補する。それは分かっていた。1969年の衆議院選挙に談志は落選していて、この参院選に期していたのだ。折しもタレント議員ブーム、横山ノックや青島幸男に負けてたまるかとのプライドがあったに違いない。

私も弟子になりたい一心で運転免許を取得して弟子入りを志願した。免許証を出し「お役に立てると思います」と言った時、談志は言った。「いい了見をしてる」と。免許を持っていなかったら、さあ私は弟子になれなかったのか。今でもその時のことを時々考える。

当時の参院選は全国区だった。まずは事前運動、全国の主だった都市での独演会だ。無所属で企業も宗教もバックにない。プロダクションがフル回転、だから独演会は急遽決まり、スピーカー付きのワゴン車で2日前に現地に乗り込み、街を流すという原始的な方法。開演直前に談志が楽屋に入り、なかなか来ず、前座が2人高座に上がったこともあった。

これを週に一度、2ヶ月ほどやったか。ずうっとの運転はさすがにこたえ、高速道路上だけが休憩の場で、すると今度は睡魔に襲われ、ああよくぞ無事だったなあ……。

立川談四楼

落語家・作家

©スズキマサミ

さあ選挙戦だ。遊説カーは３台まで使用可能。１台は九州から北上、１台は中部・関東を回り、もう１台が北海道から南下する。つまり候補者談志は３日に一度車に乗ってくるわけだが、今にして思うと最もキツかったのは談志で、不思議だ、選挙中はそのことを考えもしなかった。とにかく選挙は面白く、夢中になっていたのだ。

私は中部・関東を回る２号車のドライバー兼遊説隊員だった。ありがたいのは談志の友人がドライバーを引き受けてくれたことで、運転は一日交替となって大助かり、その分、遊説に力を入れた。

談志は35歳、喋りのスピードは全盛期で、遊説カーに乗り込むと威力倍増。例えば商店街を通りかかると、商店名のすべてを見事に読み上げ、「２階から手を振ってくれてありがとう。こちらからはよく見えます」とやって喜ばせるのだった。

中でも傑作は「ハガキには郵便番号を書きましょう。選挙には立川談志と書きましょう」で、郵便番号が導入されたものの浸透がはかばかしくない時期と重なり大ウケで、郵便局の人が出てきて頭を下げること一再ならずだった。

私が点数を稼いだこともあった。談志はすれ違う車のナンバープレートを読み上げるのだが、ドライバーはあまりピンとこず、私はマニアといっていいぐらいの車好きだったので、「ブルーバードさんこんにちは、カローラさん行ってらっしゃい」とやり、談志が目を丸くしたのだった。

談志が車に乗らない２日間が問題だったが、我が２号車には兄弟子の談プがいた。漫談家を志す彼は談志の物真似が絶品で、当然彼がマイクを握った。「談志です、談志です。助手席の白い手袋が立川談志です」。やはり違う。人々が次々と飛び出してくる。遊説カーが走っている時はいいが、赤信号がいけない。沿道の人が、「やだ、談志と違う。ニセ者よこの人」となり、声が似ていても風貌がまるで違うのでバレてしまうのだった。

商店名を読み上げることや郵便番号のこと。ついでに言えば車種を言うことは後年、他の候補が真似をした。我らは新しいことを実践していたのだ。白眉は地方都市駅頭における街宣だった。自民党、社会党、共産党の遊説隊が続々と集まる。資金力の違いを見せつける立派な車で、屋根の上が演壇となっている。我らの遊説カーはショボい。屋根へは上がれず、地べたに立つしかない。しかしそこはタレント候補の強みで、ショボい車の前に聴衆が最も集まった。当選を確信した瞬間だった。当選者は50人、悪くいってもベスト20には入るだろうと。

結　果

３台の遊説カーが東京へ集結。選挙は祭りだというのは本当だった。談志が神輿で、支援者と弟子は熱に浮かされそれを担いでいた。さ、開票だ。当確が出ない。次々と当選者が発表されるのに、立川談志の名がどこにもない。体は疲弊し切っているのに、目は冴え、テレビを見つめる。とうに零時は回った。やがて肉体に限界がきて、ウトウトッとした頃、選挙事務所に歓声が上がった。奇跡だ、50人中の50番目で当選だ。

どこにいたのか談志が現れた。フラッシュがたかれ、記者が言う。「ビリでしたね」。談志が答える。「真打は一番後に出るもんだ」。ドッと上がる大歓声。この時の名言は、弟子や孫弟子が今も伝えている。やがて談志に参議員会館の一室が与えられ、弟子はそこに通う。入門２年で３人の弟弟子ができた。一番下の弟子は付き人であるので通行証が与えられたが、他の弟子は入館手続きを強いられた。

「何号室の誰を誰がどんな用向きで訪ねるか」といったもので、「稽古をつけてやるから来い」と言われたので、用向きを「稽古」としたら、受付は困り妥協して「陳情」とした。

騒動が静まった頃、談志が弟子を集めて言った。「今回はご苦労。どうだ、いい修行になったろ。これでみんな選挙で食えるぞ。遊説カーに乗ってもいいし、応援弁士でもいいし、落語の他にこんなことができるヤツは少ねえぞ」。「修行だよ」の一言で命ぜられたことだが、確かに別のスキルが身についた。そして後年、それは大いに役立つのだ。

談志は無所属で当選したが、佐藤栄作に可愛がられ、自民党に入った。料亭に呼ばれて行くと、佐藤栄作と師匠の柳家小さんが飲んでいた。佐藤栄作に酌をされ、ご機嫌の小さんが言った。「談志、佐藤さんが勧めてくれてんだ、自民党へ入れ」。「師匠を先に籠絡されたんじゃ断れねえ」と談志は後に語った。私はそこに縦社会を見た。

たくさんの自民党の政治家を見た。タカ派もハト派もいたが、保守政治というものを漠然とだが理解した。戦争経験者も多く、その一人である田中角栄は「戦争を知らないヤツ（政治家）が出てきて日本の中核になった時が怖い」と語ったという。

６年任期の後半、1975年12月、談志は沖縄開発庁政務次官に就任。翌76年１月、沖縄海洋博の閉会式を視察。その２日後、メディアの会見に二日酔いで登場する。「サングラスで会見ですか」「目が赤いからだよ」「沖縄の基地面積は？」「知るわけねえだろ」。会見の場は見る見る険悪になった。談志は弟子に語った。「基地面積ぐらい知ってるよ。でも記者連中に言いたくなかった。連中は最高学府を出てる。オレは高１中退、つまり中卒だ。それが参議院議員になり、それだけで面白くないのに政務次官になった。イジめてやろうってなもんだ」と。

ついに決定的な局面を迎えた。記者が「公務と酒とどっちが大事なんですか」と斬り込んだ。ケンカを買った談志は答えた。「酒に決まってるだろう」。さあ大騒ぎになった。結果、談志は沖縄開発庁政務次官を36日間でクビになったのである。

帰京後、記者に追いかけ回される中、談志は浅草演芸ホールに出演した。見ると呼び込みが「さあいらっしゃい。これから政務次官をしくじった談志が出ますよ」とやっている。高座に出た途端、ドカーンとウケた。続けて、「沖縄でしくじって参りました」とやると天井が抜けるほどウケた。その時に談志は上手いの下手だのは関係ないと確信したという。「客はしくじったヤツを見にくるんだ。どんな言い訳をするだろうと聞きにくるんだ。芸は演者のパーソナリティなんだ」と。談志の芸風が変わり、落語はドキュメントだと標榜するようになった。そして談志は参院選２期目に出馬しなかった。

震災

枝野幸男が「ただちに人体に影響はない」と言い続けた年の11月21日に談志は享年75で亡くなるが、私はその年にまた政治に目覚めた。まずは原発の勉強から始めた。自分の使っている電気が福島から来ていたことを知らなかったからだ。その途中で、安倍晋三が「原発の全電源喪失はありえない」と言っていたことを知る。

やがて政権は民主党から自公へと移り、長く安倍晋三が首相の座を務めた。「美しい国日本」とは一体何のことなのか。アベノミクスとか３本の矢とか様々に繰り出すが、彼の言動が腑に落ちない。これが私の知っている自民党だろうか。あまりに違う。「清濁併せ呑む」とは言うが、それが自民党だと思っ

●Profile
たてかわ・だんしろう　群馬県邑楽町生まれ。1970年県立太田高校卒、同年立川談志に入門。1980年NHK新人落語コンクール優秀賞受賞。1983年立川流落語会第一期真打となる。同年、真打昇進試験を題材にした小説『屈折十三年』（別冊文藝春秋）で文壇デビュー。1990年初の小説集『シャレのち曇り』（文藝春秋）で各方面から評価を得る。以来、新聞や雑誌にエッセイや小説を書き続けている。1998年一年間、専修大学の特別講師として「古典特殊講義」で教壇に立つ。1999年専修大学の講義の模様が『ガチンコ人生講義』（新潮社OH!文庫）にまとまる。著作数は30を超え、代表作は『シャレのち曇り』『一回こっくり』『談志が死んだ』の小説３部作。他に『ファイティング寿限無』『石油ポンプの女』など。

ていた。ロクでもないのもいるが、最後は弱者をちゃんと見ていたと思う。その視点がないことに驚いた。友人や大企業ばかりを優遇しているのではないかと。

談志は無所属で当選し、自民党に入り、沖縄でミソをつけ自民党を離党し、結局は無所属で退いた。しかし退いた後も自民党人脈は健在で、選挙の度にあちこちに駆り出された。加藤紘一と親交を持ち、「優秀すぎるので総理にはなれないだろう」と言い、果たしてその通りになった。また、某右翼の顧問になった時には驚いた。それでいて上田哲を応援したりするのだ。見えてくる。談志は政党とはつきあわない。個人とつきあっているのだ。談志にじっくり聞いてみたい。「師匠は今の自民党をどう思いますか」と。

現　在

私には弟子が６人いる。わんだ、寸志、だん子、只四楼、縄四楼、半四楼である。わんだが真打で、寸志が近々真打、だん子、只四楼が二つ目で、縄四楼、半四楼が前座だ。わんだは快楽亭ブラックの弟子で、ブラッＣと言った。ブラックが借金を膨らませ一門を追放になり、私が引き取って三四楼、一昨年立川わんだで真打となった。寸志は私の前座名前だが、現寸志は私の担当編集者だった。ある日スーツで現れ土下座した。本の企画が飛んだのかと思ったら、弟子入りだった。だん子は女子だ。女子は落語に向いていないと考えていたが、根負けして弟子にした。今では早く弟子にしてやればと思っている。只四楼は元お笑い芸人で、やはり笑いに対するスタンスが面白い。縄四楼の縄は沖縄の縄だ。普天間飛行場のある宜野湾の生まれで、沖縄は談志の因縁の土地、弟子にしないわけにはいかない。半四楼は東大を出て商社に勤めていた。入門時にはいいオッサンで、人生半ばでの入門なので半四楼とした。

私は弟子に、談志若き日のような強い負荷はかけていない。談志のネタにある「勉強しろと言ったって、しねえヤツはしない。勉強するなと言っても、やりたいヤツは隠れてもやる」を参考にしているからだ。放任ではないが、やるヤツはやると思っているのだ。やらなきゃ損をするのは自分なのだから。

談志の弟子になってよかったのは、政治の話がタブーではなくなったことだ。これは私たち弟子が選挙を経験し、談志が参議院議員になったればこそだ。昔の楽屋では選挙や政治の話をすると「シィ、仕事をなくすよ」などと言われたと聞くが、我らは常にオープンだ。「自公維はダメだな」「野党第一党が」「共産党とれいわがね」などと言いたい放題なのだ。それよりなぜ政治の話をしないのか不思議である。政治は我らの暮らしと直結しているのだ。

だから政治家には積極的に話しかける。そこで分かったことだが、共産党の議員や党員に落語ファンが多かった。自民党にももちろんファンはいる。著名な某議員だが、あえて名を秘す。「落語？　好きですよ。毎週『笑点』を見てますから。そうだ、キミももっと頑張ればあの番組に出られるよ」と、まあそういう落語ファンなのだ。そうだ、今度れいわや立憲にも聞いてみよう。

談志は病が重篤となった時、我ら弟子に「勝手に生きろ」と言った。だから勝手に生きているわけだが、私は弟子にあまり注文をつけない。ただ一つ言うのは「せっかく立川流にいるのだから、選挙だけは行けよ」ぐらいか。立川流を創った談志に敬意を表せということだ。一門の若手には談志をこう説明する。「縦社会という保守の中にいて、組織を飛び出して立川流を作った革新的な人だ」と。そう、談志は決して教師ではなく、紛れもなく師匠であった。

（文中、敬称略）

本稿の執筆時は７月４日現在。※本文中の人物評等については筆者個人の見解です。

玉置崇の
教育放談
［第２回］

学習評価「主体的に学習に取り組む態度」の形骸化が心配

岐阜聖徳学園大学教授
玉置　崇

新しい学習指導要領が完全実施となって小学校は３年目、中学校は２年目、高等学校は初年度を迎えました。それに伴い、学習評価の観点は「知識・技能」「思考・判断・表現」「主体的に学習に取り組む態度」に変更されました。

心配しているのは、子ども一人一人の「主体的に学習に取り組む態度」を真にとらえようとせず、形だけの評価になっていないかということです。小学校では過去２年、中学校では昨年１年、なんとなく評価をして保護者に通知表で伝えても、質問や疑問を受けることがないことに安心し、「主体的に学習に取り組む態度」の評価について深く考えていない学校や教師が多いように思うのです。

「主体的に学習に取り組む態度」の定義を再確認する

ここで改めて「主体的に学習に取り組む態度」の定義を確認します。平成31年１月21日に、「中央教育審議会 初等中等教育分科会 教育課程部会」が報告した「児童生徒の学習評価の在り方について（報告）」の『「主体的に学習に取り組む態度」の評価の基本的な考え方』の項には、次のように示されています。

> 「主体的に学習に取り組む態度」の評価に際しては、単に継続的な行動や積極的な発言等を行うなど、性格や行動面の傾向を評価するということではなく、各教科等の「主体的に学習に取り組む態度」に係る評価の観点の趣旨に照らして、知識及び技能を獲得したり、思考力、判断力、表現力等を身に付けたりするために、自らの学習状況を把握し、学習の進め方について試行錯誤するなど自らの学習を調整しながら、学ぼうとしているかどうかという意思的な側面を評価することが重要である。

あなたの学校では、ここに示された基本的な考え

■profile■
たまおき・たかし　1956年生まれ。愛知県公立小中学校教諭、愛知教育大学附属名古屋中学校教官、教頭、校長、愛知県教育委員会主査、教育事務所長などを経験。文部科学省「統合型校務支援システム導入実証研究事業委員長」「新時代の学びにおける先端技術導入実証事業委員」など歴任。「学校経営」「ミドルリーダー」「授業づくり」などの講演多数。著書に『働き方改革時代の校長・副校長のためのスクールマネジメントブック』（明治図書）、『先生と先生を目指す人の最強バイブル　まるごと教師論』（EDUCOM）、『先生のための話し方の技術』（明治図書）、『落語流教えない授業のつくりかた』（誠文堂新光社）など多数。

方を踏まえた学習評価が実施できているでしょうか。冒頭に示されている注意事項のように「継続的な行動＝例　忘れ物がなく、宿題もしっかりやっている」、「積極的な発言＝例　挙手の回数が多い」など、子どもの性格や行動を「主体的に学習に取り組む態度」の根拠にしている学校はないでしょうか。

また、他の２観点「知識・技能」「思考・判断・表現」と関連付けて、この２観点がＡ評価であるので、「主体的に学習に取り組む態度」もＡ評価になるだろうと推測評価をしていたり、２観点がＣ評価であるのは、「主体的に学習に取り組む態度」が身に付いていないからだと関連付けてＣ評価をしていたりする事例に出合ったことがあります。

教育熱心な保護者が、先に示した報告書をもとに、「『主体的に学習に取り組む態度』の評価は、ここに示してあることと異なっているように思うのですが……」と問うことがあるかもしれません。そのときになって慌てて学習評価について校内で共有化を図ろうとしても、手遅れになると思うのです。

「振り返り」で「主体的に学習に取り組む態度」を評価する

報告書には「自らの学習を調整しながら、学ぼうとしているかどうかという意思的な側面を評価すること」と明示されています。意思的な側面を評価するわけですから、子どもの表情からは評価できません。そのため、子どもに内面を表出させる「振り返り」を書かせることが、とても有効で現実的な評価手段だと考えています。

早稲田大学教授の田中博之氏は、「主体的に学習に取り組む態度の汎用的な評価規準」として、次のことを挙げています（一部）。振り返りの良い内容としてとらえてください。

・友だちとの対話や交流を学びに生かした様子を書いている
・もっとよい学び方はないか考えて書いている
・学習の計画や見通しをもって取り組んでいる様子を書いている
・間違えたり失敗したりしてもねばり強く取り組んだ様子を書いている
・自分の学習の成果と課題を書けている
・自分の学習を改善する具体例を書いている
・新たな疑問や学習課題を書いている

こうしたことが振り返りに書かれていれば、その箇所にアンダーラインや二重丸をつけて価値付けをします。振り返りの質や自ら学習を調整しようとする子どもの意欲を高めることができるでしょう。これならば、多忙な学校現場でも実行可能な「主体的に学習に取り組む態度」の評価方法だと思います。

ただし小学校では、全教科において、子どもが振り返りを書いて、それを教師が見取ることは大変なことです。当初は、いくつかの教科に限って行えばよいでしょう。継続することで、子ども自身が振り返りの価値に気づき、指示をしなくても楽しんで書くようになった例をいくつも把握しています。継続することが大切です。「振り返る時間がなかなかないのです」という悩みを聞くことがありますが、振り返りを書くのは、必ずしも授業の終わりではありません。「授業で心に留めておきたいこと、心が動いたことを書いておきましょう」と子どもたちに伝えることで、授業の進行中に少しずつ書き始める子どもがいます。指導の参考にしていただければ幸いです。

“普通にいい授業”を創る [第2回]

教科書と上手に付き合う

上智大学教授
奈須正裕

教科書とは何か

わが国では学習指導要領によって各教科の目標や内容が規定されていますが、「指導計画の作成と内容の取扱い」等を遵守し、配当されたすべての内容を適切に実現できれば、どの内容をいつ何時間かけて、どのような教材や活動を用い、どのような方法や形態で指導するかの一切は学校の自由裁量です。さらに、各学校において特に必要がある場合には、学習指導要領に示されていない内容を加えて指導することもできます。

現場にこれほどの裁量権があることを意外に思うかもしれませんが、多くは学習指導要領と教科書（正式名称は教科用図書）を混同しているのです。現場に課せられているのは教科書を教えることではなく、学習指導要領の実現です。教科書は学習指導要領に示された各教科の内容を指導するための「主たる教材」であって、教科内容そのものではありません。

教科書は学習指導要領に準拠している旨の検定を経ており安全に思えますが、地域や学校、目の前の子どもの事実に照らして常に最善の教材である保証はなく、各学校でのさらなる吟味や検討が望まれます。

教科書比較

いい授業を開発・実践する上で、教科書とどう付き合っていくかは、若手はもちろんのこと、ベテランにとっても非常に大切なことです。教科書については、無味乾燥と断じて軽視する人もいれば、金科玉条のごとく盲従する人もいますが、いずれも望ましくありません。では、私たちは教科書とどのように付き合っていくべきなのでしょうか。

教科書を上意下達的に「こなす」、あるいは教科書に「使われる」のではなく、授業づくりの主体として「使いこなす」には、教科書の素性の理解が不可欠です。よく、教科書をアレンジして使うと言いますが、元々の特質を知らずに施したアレンジなど奏功するはずがありません。これは、料理のレシピで「しょうゆ」となっているところを、思いつきで「マヨネーズ」に変えるようなものです。もちろんゲテモノになり、とても食べられたものではないでしょう。別にレシピ通りでなくても構わないのですが、なぜ「しょうゆ」なのかを理解しないことには、アレンジなど不可能なのです。

手元にある教科書の素性を明らかにする方法と

なす・まさひろ　1961年徳島県生まれ。徳島大学教育学部卒、東京学芸大学大学院、東京大学大学院修了。神奈川大学助教授、国立教育研究所室長、立教大学教授などを経て現職。中央教育審議会初等中等教育分科会教育課程部会委員。主著書に『子どもと創る授業』『教科の本質から迫るコンピテンシー・ベイスの授業づくり』など。編著に『新しい学びの潮流』など。

して古くから行われてきたものに、教科書比較があります。複数の教科書を集め、一つの単元なり題材について相互に丁寧な比較、検討を進めるという作業です。同じ内容を指導するために盛られた教材を複数の教科書間で見比べてみると、ずいぶんと多くの発見があります。

たとえば、5年生算数科の面積学習では、多くの教科書が平行四辺形から入って、続いて三角形、さらに多角形へと進む展開になっています。一方、三角形から入って、その後で平行四辺形へと進む、つまり逆の流れの教科書もあります。

平行四辺形も含めすべての多角形の面積は、基本図形である三角形に分割すれば必ず求められます。その意味では、三角形の求積を先行するのが自然でしょう。ところが、三角形の求積では高さの概念を獲得しなければなりません。それ以前の面積学習が扱ってきた正方形や長方形では、高さは一辺やタテといった辺に対応しましたが、三角形では辺ではないところに高さを見出す必要があるのです。さらには、鈍角三角形の場合、高さは図形の外に出てしまいます。高さの概念獲得は難しく、つまずきの原因ともなってきました。

その点、平行四辺形から入れば、高さは必ず図形の内側に見出せますし、その求積は等積変形や倍積変形といった手続きを介し、正方形や長方形の学習経験を足場に進められるので、高さ概念の獲得を、既習事項である辺を足場に進めることができます。

つまり、数理そのものの構造を優先すれば三角形先行の単元展開となり、子どもの学びやすさを優先すれば平行四辺形先行になるのです。それぞれの教科書執筆者は熟慮の後にいずれかを選び取っているのであり、そこには明確な論理と主張が潜んでいます。問題は、これをユーザーである教師が読み取れるかどうかでしょう。

算数科に限らず、どの教科のどの教科書についても、教科書執筆者の教科観、学力観、単元観、学習観、子ども観などを、そこから推し量ることができます。また、多くの場合、そこに優劣をつけることは不可能です。それはあくまでも何を優先させるかという思想や方針の質的な違い、いわば個性に過ぎません。

いずれにせよ、それらが見えてきたなら、手元にある採択教科書は、もはや無個性で無色透明な存在ではなくなっているでしょう。中間や中庸はあり得ますが、そもそも無色透明な教材など存在しません。それぞれの教材の個性なり色あいが見えていなかった、見る力がなかっただけの話です。

一番怖いのは、そんなことに一切無頓着なまま、あたかも無色透明であるかのように、上意下達的に子どもたちに下ろしていくことでしょう。もちろん、そんなことでは効果的な授業の展開など望めるはずもありません。今一度、教科書と丁寧に向かい合うこと。「普通にいい」授業づくりにおける基本中の基本です。

対面に匹敵する オンラインワークショップを実現する

筆者が推奨してきたワークショップは「対面」が原則である。コロナ禍でオンラインによる授業や研修が必要となったご時世において、対面に匹敵あるいはそれ以上のオンラインワークショップが求められる。オンラインによる協働的な研修プラン開発ワークショップを試みた。

実際の教員研修を想定して教職大学院の授業を構成する

筆者は前任校の鳴門教育大学において、教職大学院の授業「学校のカリキュラム・マネジメント」「ワークショップ型研修の技法」「総合的な学習の時間のカリキュラム開発」と学部の授業「総合的な学習の時間の指導法」を集中講義で担当している。

教職大学院の受講生のほとんどは現職教員で、大学院修了後は学校のかじ取り役や教育センター等の指導主事になっていく者が多いので、特に「ワークショップ型研修の技法」(2日間：8コマ)は教員研修のプログラムを想定して計画・実施している。集中講義の中で校内研修やセンターでの研修を疑似体験させる。そのために、ワークショップを必ず2種類以上入れる。

鳴門教育大学に勤務していた時は、半期8コマで3種類のワークショップを取り入れた。まず、一つ目はワークショップの基礎基本あるいは導入ともいえる「ワークショップ型授業研究」[1]である。前年度または前々年度に研究授業を行い、指導案と授業記録動画をある現職院生に映像等を提供してもらい、それを受講生が視聴し、ワークショップ型授業研究の手法で分析する。「指導案拡大シート」「マトリクスシート」「概念化シート」等、幼小中高の現職院生と学卒院生合同のチームに分かれて多様な手法を体験する。二つ目は学校現場の課題整理ワークショップである。基本的にはKJ法を用いてシンプルに整理する。三つ目は整理された課題を解決するためのワークショップ型研修を協働的に開発するワークショップである。置籍校の課題が明確でその研修の実施が予定されている現職院生に関しては、他の受講生の了解を得て、その研修プラン作りを行う。「ワークショップ型研修の技法」の授業は1年前期に行っていたので、その後の調査・研究において多くの院生がワークショップを取り入れていた。

対面形式の集中講義に部分的にオンライン形式を取り入れる

甲南女子大学に移り、全てが集中講義（8コマ、2日連続または2週連続）になった。授業分析対象者を依頼することが困難になったので、初日午後のワークショップを「校種間連携・家庭連携・地域連携における成果と課題の整理」及び「タテ連携とヨコ連携の課題解決のためのワークショップ型研修の開発」[2]に切り替えた。例えば、幼小接続に関しては幼稚園と小学校の教員、中高連携には中学校と高等学校の教員、家庭連携には小中高の教員が異校種で組み、そこに学卒院生が加わる編成とした。

2020年度は、コロナ禍が少し落ち着いた10月の土日に、感染対策を十分に取りながらも対面により2日連続で実施した。初日の午後に、Zoomで「一人1台端末の導入と活用に関する研修課題」というテーマで、当時文部科学省初等中等教育局教育課程課教

村川雅弘
甲南女子大学人間科学部・教授

育課程企画室審議・調整係（GIGA StuDX推進チーム）の堀田雄大氏（新潟市立総合教育センター指導主事）と中川斉史氏（徳島県上板町立高志小学校校長、文科省ICT活用教育アドバイザー・教育情報化コーディネータ１級等）の講話の後、「一人１台端末の導入と活用に関する研修課題の整理ワークショップ」と「一人１台端末の導入と活用に関する研修プラン開発ワークショップ」（**写真１**）を行った。

翌日は、「タブレットPCの導入に備えよう」「皆で進めるGIGAプロジェクトを目指して」「遊びから学んでみるICT活用研修」「学校・家庭・地域が連携して情報モラルを育む取り組みを考える研修」等、七つのチームが開発した研修プランの成果発表を行った。その際に、Zoomを通して筆者とかかわりのある現場教員や前述の堀田氏等にも聴いていただき、質問や助言を得た。

対面を主としながらも部分的にオンラインを活用した。二つのワークショップを対面で行ったこと、オンラインにより多くのゲストスピーカーを登用できたことなどにより、授業評価は極めて高く、「5.そう思う」「4.ややそう思う」「3.どちらともいえない」「2.あまりそう思わない」「1.そう思わない」の５段階評価（回答者18名）で、全11項目中平均5.0が１個（「授業の内容は、実践力の育成につながるものであった」）、平均4.9が８個（「授業では、シラバスに示されたアクティブ・ラーニングが実施されていた」「自分にとって、満足の得られた授業であった」「この授業をきっかけに、もっと学びを広げたり深めたりしたい」など）、平均4.7が１個、平均4.4が１個であった。なお、最も低かった項目は「授業の進む速さは適切であった」である。多くの内容を盛り込んだのが要因である。

写真１

例年共通だが、チームで作成した研修プランは最終的にWordにし、その解説（A4 １枚）もWordで付ける。研修の冒頭で趣旨や進め方の説明に使うパワーポイントも作成し、それらをセットで提出し、受講生全員で共有する。個人課題（児童生徒によるワークショップ）も共有する。授業で開発した研修プラン及び活動プランを全て共有し、その後の研修や授業に活用してもらっている。

敢えてオンラインによる集中講義「ワークショップ型研修の技法」に挑戦

2020年度は内容や構成、方法に関して、極めて高い評価を得たので、2021年度は本来は守りに入るべきである。新型コロナ感染状況は前年秋以上に落ち着きを見せていたので、2020年度と同様に対面形式にすべきところを敢えてオンライン形式とした。

その理由は二つある。一つはコロナ禍が終息したとしても教員研修の全てが対面に戻るのではなく、オンラインとの併用、ハイブリッド化が進むだろう。コロナ禍の最中とは言え、今年度の４月から６月の３か月で見ると、対面の講演が三つ、オンラインの講演が二つ、学校への訪問指導が三つ、オンライン指導が二つと半々である。文科省や学会理事会等、学外の会議（25回程度）に至っては全てオン

ラインである。学会理事会のように全国から集まるような会議は今後は大半がオンラインに移行していくだろうし、これまでメールや電話で行っていたセンターの指導主事や学校の研究主任等との事前打ち合わせもオンライン（主にZoom）で顔を見ながら、資料の画面共有を行って効果的に進めることができている。センターの研修に関しても、講話であればオンラインで全く遜色ないし、簡単な協議を入れるなら、Zoomなどのブレイクアウトルームを活用すれば、瞬時にランダムにグループを組み、講師が“机間指導”を行うことも容易である。必要に応じて、協議のメンバーを固定しておくことも協議の度に変更することも可能である。

筆者はこの２年間、オンライン演習やオンライン集中講義においてZoomのブレイクアウトルームを多用してきたが、座席指定をしてもしなくても、ともすれば固定的になりがちなグループ編成をランダムにすることができ、「話したことのない人と話せてよかった」という反応は少なくない。

もう一つは筆者自身の挑戦である。「ワークショップ型研修の技法」はワークショップ中心の集中講義である。オンライン形態でのワークショップがどこまで可能なのかを探ってみたかった。前述したように講話や協議はオンライン形式でも問題はない、むしろ効果的なこともある。ゲストスピーカーを登用しやすいこともメリットであるし、ネットワーク環境さえ整っていれば勤務先はもちろんのこと、自宅から参加することも可能である。

筆者は往復10時間かけて２時間の講演を行ったり、講師料の５倍も旅費がかかったことも少なくはなかったが、主催者側と講師の両方の予算面や時間面の節約につながる。午前から午後にかけて文科省のオンライン協議会に参加し、その後、秋田市のオンライン講演を行ったり、午前中に岡山県教委のオンライン会議に出たあと、お茶の水女子大附属小の校内研（対面）に伺ったりと、ドラえもんの「どこでもドア」がある意味では実現している。３年前の夏、骨折のため松葉杖と車椅子で全国40か所を移動し講演等を行ったが、あの時に「どこでもドア」があったらどんなに楽だったかと思う。その意味では、コロナ禍により講演や会議等のやり方に関しては大革命が起きたと言っても過言ではない。しかし、協議しながら一つのものを創り上げていくワークショップはどこまで可能かを明らかにしたかった。

今後、学校や地方教育行政の中心となり、研修の企画や実施に携わることが期待されている現職院生にオンライン研修ともいえるオンライン集中講義を体験させておきたかった。

Zoomと「コラボノート」の併用でオンラインワークショップを実現する

2021年度の集中講義「ワークショップ型研修の技法」では、講義や受講生同士の協議及びゲストスピーカーの登用にはZoomを常用し、受講生によるワークショップに関してはJR四国コミュニケーションウェアの協働学習支援ツール「コラボノート」を活用した。

まず、「学校現場の課題整理ワークショップ」を「コラボノート」で行った。その際に、学校種が分かるように付せんの色分け（小学校は桃色、中学校は緑色等）を行った。KJ法で整理し、大きく11個の課題に整理された（**写真２**）。Zoomで「コラボノート」を画面共有しながら、その課題解決のための研修プランを作成したいと考える課題を「学校と地域」や「授業づくり」、「働き方改革」など六つに絞り込んだ。

●Profile
むらかわ・まさひろ　鳴門教育大学大学院教授を経て、2017年4月より甲南女子大学教授。中央教育審議会中学校部会及び生活総合部会委員。著書は、『「カリマネ」で学校はここまで変わる！』（ぎょうせい）、『ワークショップ型教員研修 はじめの一歩』（教育開発研究所）など。

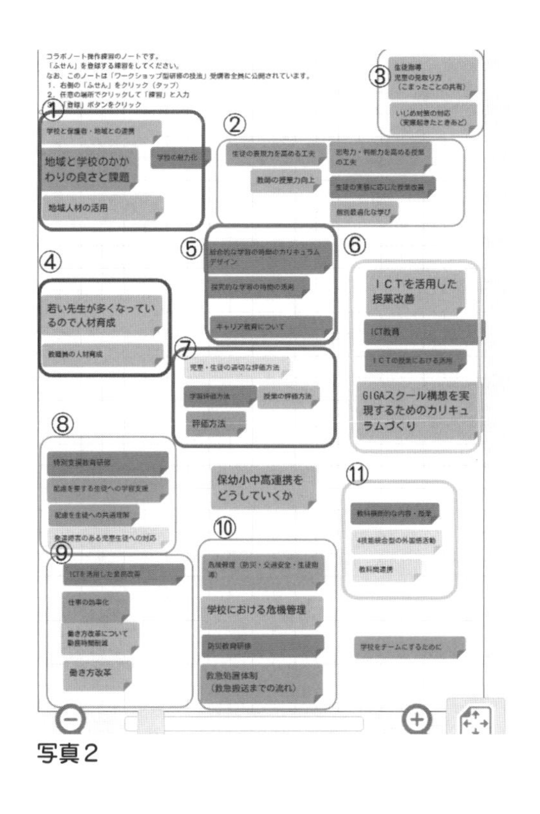

写真2

次に、チーム編成を行った。ここでも先ほどと同様に学校種により付せんの色分けを行った。Zoomで協議しながら、課題によって学校種を意図した3名から5名からなる5チームができた。

メインとなる「ワークショップ型研修プラン」の開発に関しては、「コラボノート」の各チームのページに「研修プラン（書式）」[3]を貼り付け、その上で付せんを操作して作成を行った。「コラボノート」は他のページを見に行くことは容易なので、チームごとにブレイクアウトルームを設定してはいるが、他チームの進行状況を確認することができる。

2日目の発表もZoomと「コラボノート」を併用したので、例年のように、全国からゲストスピーカーを招くことができた（**写真3**）。

実は心の中で心配された授業評価（回答12名）も11項目中、平均4.9が2項目、4.8が5項目、4.7が3項目で、最低は4.5であった。自由記述でもオンラインワークショップに関して「アプリなどの操作になれるためにオンライン授業でも大丈夫と思った」「ICTを活用した活動に苦手意識があったのですが、取り組むことで私自身とても勉強になった」「Zoomでのオンライン授業において、コラボノートを使用できたことがよかった。実際に職員研修や授業で活用する上で、準備物等の手間が省け、時間短縮や研修内容の深化につながると思いました」と好評であった。

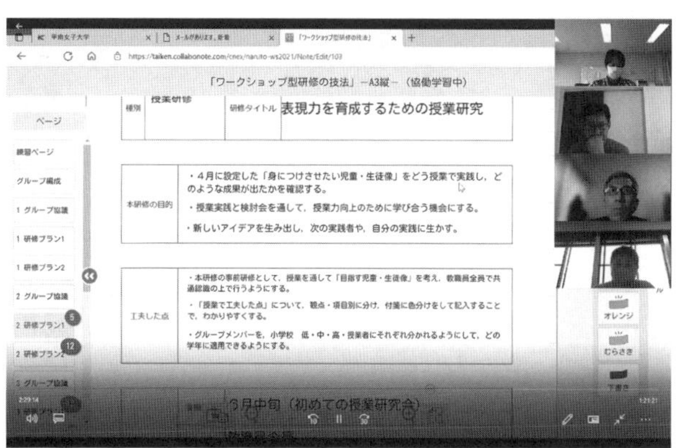

写真3

Zoomと「コラボノート」を併用することで、講義や協議、ゲストスピーカー登用はもちろんのこと、チームによる研修プランの開発及び全体での発表・協議を実現することができた。オンライン研修の新たな可能性を広げることとなった。

[注]

1　村川雅弘著『ワークショップ型教員研修　はじめの一歩』教育開発研究所、2016年、「KJ法」「概念化シート」「多様な分析手法の組み合わせ」「事後検討会のシステム化」ほか、pp.37-56
2　前掲書、「研修プラン（家庭連携）」「研修プラン（幼小接続）」ほか、pp.155-160
3　前掲書、「研修プラン（書式）」、p.145

まち一丸、次代の学びを創る「白老未来学」の挑戦

北海道白老町立萩野小学校・白老町教育委員会

Lead

アイヌ文化の色濃いまちとして知られる北海道白老町。豊富な体験を生かしながら、次代を生きる子どもの育成に乗り出した。それが「白老未来学」だ。まち一丸となって進める「白老未来学」の胎動を取材した。

豊富な本物体験

北海道白老町は、アイヌのゆかりが深く、様々な展示施設をはじめ、自然の中にもアイヌ文化を体感できる環境を持つ町として知られ、町の施策にもアイヌ文化の振興をまちづくりの一環として位置付けている。教育分野についても、平成15、6年頃から、総合的な学習を中心に、町内全校でアイヌ学習に取り組んできた。

萩野小学校（田村雅嘉校長）は、その中でも多彩な体験活動を中心に、熱心にアイヌ学習に取り組んできた学校の一つだ。「川のイオル」「山のイオル」「ムックリ体験」「古式舞踊体験」「文様彫刻体験」「弓矢体験」など伝統的なアイヌの文化に基づいた豊富な体験活動を展開している。

「川のイオル」は鮭の捕獲と調理を行う活動だ。「イオル」とはアイヌの伝統的な生活空間のことをいい、狩猟・採集をする「狩場」のことも指す。鮭の捕獲体験では、刺し網漁の見学や、古式の木船の乗船体験も行うが、大きな生け簀を使った捕獲体験は出色だ。マレㇷ゚という漁具で鮭を釣り上げ、イサパキㇰニと呼ぶ魚叩棒で息を締める。その後解体、調理を行い、食するといった本格的な体験だ。

アイヌの人々は、鮭を「神の魚」と呼び、カムイ（神；諸説あるがここでは「神」と記す）がアイヌ（人間）のために万の神の国から送ってくれる贈り物の一つと考え、神聖なイサパキㇰニで叩くことによって、鮭に感謝のお土産を持たせてカムイの国に返すとしている。狩猟もアイヌの人々にとっては儀式の一つであり、神と人間との循環型社会を描いているのである。こうしたアイヌの精神文化も学びながら、伝統楽器「ムックリ」の制作と演奏、古式舞踊の輪舞など、多彩な体験活動に取り組んでいるのが萩野小の実践だ。

体験をつなぎ、深い学びに

「しかし、これまではイベント的な体験が多く、学んだことを次の学びにつなげることができていなかった」とは教務主任の坪谷賢士教諭。

そこで、昨年度からは、総合的な学習の時間を見直し、体系的で幅広いカリキュラムに再構成した。

アイヌ学習については、３・４年を「郷土愛形成期」、５・６年を「主体的創造期」と位置付け、３・

田村雅嘉校長　　坪谷賢士教務主任

川のイオル（鮭の捕獲体験）（萩野小）

川のイオル（調理体験）（萩野小）

４年をアイヌ文化に親しむ時期として川のイオルや弓矢体験などを中心とした「見る・知る・聞く」活動を行い、５・６年はアイヌ文化を調べて学ぶ時期と位置付けて、古式舞踊や文様彫刻などの体験と絡み合わせながら調べ学習などに取り組むこととした。さらに、４年間を通じて探究活動に取り組むため、「昔と今」「不便か便利か」など対立軸をもった問いを授業に組み入れ、アイヌ学習を通した深い学びを目指した授業づくりに取り組んだ。

「学びをつなげていくことで、子どもたちに問いが生まれます。『大変な思いをして暮らしているんだ』『なぜ今は昔のようにやらないのか』『なぜこんなに自然を崇拝しているのか』といった問いは、探究的な学びにつながるし、自分事として未来につなげる学びになっていくと思うのです」と坪谷教諭は言う。

「本校の実践を通して、お互いの違いを理解し、共に生きていこうとする力を身に付けさせたい」と田村校長は言う。「不透明なこれからの時代を生きる土台をつくる学習にしていければ」とこれからの実践にかける思いを語ってくれた。

萩野小ではさらに、アイヌ学習だけでなく、白老を知り体験し発信するふるさと学習も取り入れた幅広い総合的学習を構想した。SDGsの考えも取り入れた未来志向の学習を目指すという。これは、白老町教委が立ち上げる「白老未来学」を見据えたものという。

「白老未来学」づくりが始動

白老町教委では、今年度から「白老未来学」構想を打ち出した。子どもたちがふるさとに愛着と誇りを持ち、還る場所として、また、心の拠り所として白老を心に刻みつつ、自らの夢の実現に向かう力を育てようとの試みだ。そのため、まちを知る活動か

ムックリ制作体験（萩野小）

らキャリア教育へ、そしてまちの良さを発信したりする社会づくりの担い手へと、探究的な学習を学年段階でつなげながら未来に生きて働く力を育むことを目指すという。

具体的な活動としては、①白老の自然・歴史・文化等を学ぶ郷土学習、②アイヌの人たちの歴史・文化を学び互恵的な心を育むアイヌ学習、③グローバル時代を踏まえコミュニケーション能力を育む外国語学習、の三つを柱とした。

郷土学習については、社会科副読本の改訂、資料館の活用、キャリア教育の推進などを、アイヌ学習については、指導計画の見直しと学習モデルの充実、ウポポイ（民族共生象徴空間）の活用などを、外国語については、英検の実施、イングリッシュキャンプの実施、ウポポイの活用などを想定し、各学校において実践を積んでもらうこととしている。これを通して、今年度中に「白老未来学指導モデル」を策定する方針だ。

このため、地域人材が参画する白老未来学構築委員会と学校現場の代表からなるワーキング・グループを組織、今年度に「白老未来学」の具体を構想していく。

「体験メニューの豊富さは他の市町村に負けないものがありましたが、それが体験だけで終わってしまい、ふるさとへの愛着につながっていなかったのが課題とされてきました」と言うのは白老町教委の小原健指導主幹。「体験をどのように自分事として感じ、白老の良さを実感できるか、そのためには体験をつなぎ、探究的な深い学習に再構築することが大切と考えたわけです」と語る。目標は、子どもたちが自分の言葉でふるさとを語れるようにすることという。実際に、アイヌ文化の体験活動や地元資料館の見学などと並行して、中学生が町内をフィールドワークして自分のまちをアピールするパンフレットの作成などにも取り組んでいる。「イベントからカリキュラムへ」の試みが「白老未来学」の挑戦だ。

「今、子どもたちに求められている学びは、自ら課題を見付け協働して最適解・納得解を求めていく

文様彫刻体験（萩野小）

古式舞踊（萩野小）

遊び体験（萩野小）

安藤尚志教育長

小原健指導主幹

白老未来学構築委員会基本構想

目的
白老町立小学校及び中学校における、探究的な学習活動を通して、地域の自然や文化・歴史を学び、ふるさと白老への愛着を育むとともに、夢の実現に向かって自ら課題を見つけ、自ら学び、自ら考え、主体的に判断し行動しようとする態度を育てる白老未来学の策定に関する必要な事項について検討する。

白老未来学

目標	○探究的な学習活動を通して、地域の自然や文化・歴史を学び、ふるさと白老への愛着を育むとともに、夢の実現に向かって自ら課題を見つけ、自ら学び、自ら考え、主体的に判断し行動しようとする態度を育てる。
目指す子どもの姿	○白老の自然、歴史や文化等を理解し、郷土を愛し誇りに思う子 ○社会の変化に柔軟に対応し、自らの夢の実現に向かって努力する子
具体的な学習	○白老の自然、産業、歴史や文化等を学び、ふるさとへの愛着を深め、夢を育む活動（社会、総合、教育課程外） ・社会科副読本の改訂　・元陣屋資料館の活用　・ふれあいふるさとDayの実施 ・キャリア教育の推進　・防災教育の推進　・ふるさと給食 ○アイヌの人たちの歴史や文化を学び、互いに認め合い、思いやりの心を育む活動（総合、道徳） ・指導計画の見直しと学習モデルの充実　・ウポポイの活用　・道徳資料の活用 ○外国語を学び視野を広げ、コミュニケーション能力を高める活動（教育課程外、外国語活動、外国語） ・英検IBA、英検の実施　・ウポポイの活用　・イングリッシュキャンプの実施

取組
「白老未来学指導モデル」の策定
○社会科や総合的な学習の時間、外国語、道徳科を中心とした教育活動の展開
○義務教育９年間の系統性、連続性を踏まえた学習内容の構築
（小中一貫・連携教育、コミュニティ・スクール）

日程
白老未来学構築委員会（予定）
７月１日（金）、７月20日（水）、１月27日（金）
ワーキング・グループ会議（予定）
７月１日（金）、７月20日（水）、８月23日（火）、９月29日（木）、11月16日（水）、１月27日（金）

力。未来を創っていく力です。９年間を通してこの力を身に付けさせていくことが我々の使命だと思っています。『白老未来学』を柱に小中一貫教育を充実させたいのです」と安藤尚志教育長は言う。

「白老未来学」は単なる郷土学習を超えて、まちの総合的な教育施策のシンボルとなっているようだ。

期待されるウポポイの資源

この取組に大きく期待を寄せられているのが2020年に開設されたウポポイ（民族共生象徴空間）だ。

ウポポイは、アイヌ語で「大勢で歌うこと」の意。アイヌ文化の復興・発展の拠点として設立され、「国立アイヌ民族博物館」「国立民族共生公園」「慰霊施設」により構成され、体験学習館、体験交流ホール、工房、伝統的コタン（生活空間）など、多彩な体験活動を提供する施設であるとともに、アイヌ文化の調査研究機関としての機能も有している。

2020年の開設と同時に新型コロナウイルス感染が拡大し、一時は開店休業状態となって多くの体験メニューも十分に活用されなかった。しかし、昨年頃から徐々に入場者も増え、小中学校、大学、特別支援学校など、教育旅行や調査研究の受け皿としても存在感を高めてきている。

仙台藩白老元陣屋資料館の見学（萩野小）

子どもによるプレゼン制作（萩野小）

アイヌ民族博物館は、展示の随所に「わたしたちは」の主語で説明がなされており、アイヌの視点からみた展示が特色だ。

学校等の見学には、ホールで「はじめてのアイヌ博」と題する基本的なガイダンスが行われ、館内見学に進むのが一般的なコースだ。事前学習をしてきた学校には質疑にも対応する。白老の小中学校にとってもアイヌ文化に直接触れる貴重な施設となっている。いまだ見学が中心となっているが、今後は、体験活動などのメニューの活用も期待されており、夏休みの教師向け研修にも取り組むなど、学校現場へのコミットも少しずつ増やしている。

ウポポイ見学（萩野小）

教育普及室長の森岡健治さんは、「（コロナ禍で）スタートは不十分でしたが、これから、活動の内容を充実させていきたい。受け入れだけでなく、コンテンツを発信していくことにも取り組んでいきます」と言う。

現在、学校現場と協働し、動画資料を制作中だ。小学校向けにはアイヌの歴史や文化について、中学校向けにはテーマ別に自由な活用が可能な学習コンテンツを編集する。実際に授業で活用してもらい、精査したものが指導案と共に全国の小中学校に配信される予定だ。

熱い思いが結集する委員会

去る７月１日に、「白老未来学構築委員会」「ワーキング・グループ」のキックオフミーティングが行われた。「白老未来学構築委員会」は、学校現場のほか、ウポポイの学芸員、体験活動のコーディネートを行っている「しらおいイオル事務所チキサニ」の学芸員、白老に移住して起業した方など多彩なメンバー構成となっており、建設的な意見が期待される。

●DATA

北海道白老町立萩野小学校
〒059-0922
北海道白老町字萩野286
TEL 0144-83-2106
FAX 0144-83-5339

白老町教育委員会
学校教育課
TEL 0144-85-2022
FAX 0144-85-2024

中学生がフィールドワークで作った観光パンフ

ミーティングでは、白老未来学指導モデルを策定し、来年度からの活用を目指すこと、白老の自然や歴史を学び、ふるさとへの愛着や自主性を育むことが確認され、各委員から闊達な意見が交換されたという。一例を示すと、

・これまでの人生において、どこかでふるさとのことを考え、深く知りたいと思う自分がいた。文化の核心にどのように迫ることができるかと考えている。
・人生を切り拓いていく中で、子どもの頃の記憶でつながっている何かがあるように思う。
・外からふるさと（白老）を見ることで気付くよさがある。また、身近なところでつながっている様々な人、世界があるという気付きを子どもたちにも伝えたい。

様々な立場の委員が、自分事として白老と向き合い、子どもたちに何ができるかを真剣に考えている熱い様子が見て取れた。今後は、子どもたちのふるさとをつくるもの・人は何か、子どもたちがふるさとや未来を考えることに必要なものは何か、などカリキュラムづくりへの基本構想を検討していくという。

長く白老のアイヌ学習に携わってきたウポポイの学芸員・八幡巴絵さんは、「ウポポイは、国立の施設。白老だけでなく、より広いアイヌ文化を伝えられるし、調査研究の成果も届けることができます。この利を生かして子どもたちに何ができるかを関係の皆さんと一緒に追究していきたい」と抱負を語ってくれた。

学校・地域・教委が一体となって進める「白老未来学」。「社会に開かれた教育課程」のモデルとしても今後、注目されよう。

（取材／本誌・萩原和夫）

博物館から見たウポポイ。左がポロト湖

博物館内観

これだけはと、炎の中から決死の思いで助け出したそうです。
寺の縁起を懇切に説明してくださったその親切心に、私はかつて芭蕉を歓待した尾花沢の人々も、このような心を持っていたのだろうと想像しました。これならば、何泊もしたくなったでしょう。
途中からは、別当の息子さんも会話に加わり、しばし楽しい時間を過ごしました。芭蕉が句に詠みこんだ「ねまる」の方言について聞いてみると、今でも地元の人は「ちょっと、ねまっていげ」などと使うそうです。息子さんから「ねまる」のネイティブの発音を聞けて、またもや興奮。もっと話していたかったのですが、御開帳で参拝客も多い時期、あまり長居しても悪いと、惜しみつつ寺を後にしました。次は尾花沢の道の駅に向かい、名物のもつ煮込み定食をいただく予定でした。ただスマホで調べてみると、道の駅はここから徒歩では難しい距離にあるようです。気ままなもので、事前に調べることをしないのが仇となりました。さっきの親切な別当の母子に、近くに頃合いのタクシー会社がないかどうか、尋ねてみようと、踵を返します。すると、
「それなら、俺が送っていきますよ」
なんと、息子さんが、車を出してくれることになったのです。
道の駅についてからは、「次はどこにいくのですか」と聞かれ、「駅に戻って新幹線で東京に帰ります」と答えると、
「じゃあ、駅まで送りますから、食べてきてください。おれ、駐車場で待っていますから」
と、屈託のない笑顔を向けるではありませんか。
さすがにそれは申し訳ないと、何度も辞退したのですが、結局はご厚意に甘えることにしました。尾花沢の方はみんな人情に篤いのか、またはこの青年が特別なのか……私なら、一か月くらいは滞在してしまうかも。おいしい食べ物や、珍しい風景にまさる旅の楽しみとは、人との触れ合いにほかなりません。

ふだん、人の間に生きていると、うんざりすることも多いですね。兼好法師は『徒然草』の中で、人間をうごめく蟻にたとえました。「生をむさぼり利をもとめて、やむ時なし」（第七十四段）……確かにこれも一面の真理です。芭蕉も、人間の欲望にうんざりして、自然の美に生きようとした人でした。でも、どこかで人間の素晴らしさや美しさも信じていたのではないでしょうか。なぜ、芭蕉が旅に生きたのかは、さまざまな理由がいわれていますが、土地の人々とのつながりも大きな理由だったことを、養泉寺の青年は教えてくれました。いつも同じ人と顔を突き合わせていると、醜さや汚さも見えてきて、人間が嫌になります。でも、旅の中で交わされる淡い付き合いは、人間の良質な部分を見せてくれます。「涼しさを我宿にしてねまる也」……青年が送ってくれた駅から新幹線に乗って、シートに身を横たえた私は、この句の「ねまる」の心地よさを、真にわかった気がしました。

髙柳 克弘

俳人・読売新聞朝刊「KODOMO俳句」選者

●profile●

1980年静岡県浜松市生まれ。早稲田大学教育学研究科博士前期課程修了。専門は芭蕉の発句表現。2002年、俳句結社「鷹」に入会、藤田湘子に師事。2004年、第19回俳句研究賞受賞。2008年、『凛然たる青春』（富士見書房）により第22回俳人協会評論新人賞受賞。2009年、第一句集『未踏』（ふらんす堂）により第1回田中裕明賞受賞。2016年、第二句集『寒林』（ふらんす堂）刊行。現在、「鷹」編集長。早稲田大学講師。新刊に評論集『究極の俳句』（中公選書）、児童小説『そらのことばが降ってくる　保健室の俳句会』（ポプラ社）、第三句集『涼しき無』（ふらんす堂）。2022年度Eテレ「NHK俳句」選者。中日俳壇選者。

「こころ」を詠む［第２回］

さくらんぼ冷えてをりけり詩集伏す

克弘

先日、山形県を旅してきました。講演の仕事があったのですが、せっかくなので芭蕉の足跡をたどりたくて、尾花沢に立ち寄りました。ここで芭蕉は、地元の紅花大尽の家に三泊、その後は近くのお寺に七泊と、かなり長く滞在しています。心づくしの歓待が、うれしかったのでしょうね。『おくのほそ道』では、「日比とどめて、長途のいたはり、さまざまにもてなし侍る」と前置きをして、

涼しさを我宿にしてねまる也　　芭蕉

の句が載っています。置いてもらった家は涼しくて、まるで我が家のように思ってくつろいでいるよ、という意味です。「ねまる」は、寝るという意味ではなく、くつろぐという意味で、この地方の方言です。なまりを俳句の中に取り入れて、土地の人への挨拶としたわけです。

私も芭蕉に倣って、七泊のお寺「養泉寺」を訪れました。思ったよりも小さなお寺で、本堂しかありません。芭蕉と同伴者の曾良、二人とはいえ、これでは寝泊まりするところもないのでは。疑問に思い、御朱印を買う列に並んで、寺務所の方に聞いてみました。

みちのくの方はなまりが強く、聞き取れないところもありながら、別当さんの丁寧な説明で、あらましがわかりました。昔はもっと大きな寺だったのが、火災で焼けて、今のお堂は明治に再建したとのこと。「昔のお堂の茅葺が見られますよ」（私にはなまりを再現できないのでリライトしています）と、真っ黒に日焼けして溌溂とした別当さんは、お堂の中に招いてくれました。彼女の指さした先の天井板は、一部が外されていて、そこからうっすらとかつての茅葺が見えます。

「ちょうどいま、御開帳ですから、運がいいですよ。十二年に一度ですからね」

お堂に上がったついでに、本尊を間近に見られて、私は大興奮。なにしろ、芭蕉も拝したであろう仏像です。当時の別当さんが、せめて

「教育漫才」笑劇場

おかあさん あるある

【2組目】ヲタク

埼玉県越谷市立新方小学校長
田畑栄一

たばた・えいいち 「自殺・不登校・いじめのない、子どもたちが生き生きと笑って学べる学校の創造」を目指して、8年前から教育漫才を発案し実践を積み重ねている。温かい雰囲気に学校が変容し、人間関係が円滑になる教育効果を実感し、その魅力を全国に発信している。著書に『教育漫才で、子どもたちが変わる～笑う学校に福来る～』(協同出版)、『クラスが笑いに包まれる小学校 教育漫才テクニック30』(東洋館出版社)。

A：「どうもー。ヲタクのAと」
B：「Bと」
C：「Cです」
A：「おかあさんって、いいところあるよね？」
B：「えー？　どんなところ？　たとえばー？」
A：「おかあさんに聞けば、たいてい探している物みつかるよね」
B：「あー、確かに！」
A：「今みたいな“あるある”もう一個いい？」
B：「うん、なにー？」
A：「再現したいから、やってみよ」
B：「うん、いいよ。オッケー」
A：「わたしがおかあさん役ね」
B：「はーい」
B：「ショートコント『おかあさん あるある』」
A：「あんた、何回言ったらわかるの‼　はやく片付けしなさい」
B：「はい、はい」
A：「『はい』は一回！」

B：「はーい」
C：「プルルル　プルルル」
A：「はい」(高い声で)
C：「どうも、担任のKです」
A：「はい、いつもお世話になっています」(高い声で)「はい……はい……」
C：「そうなんですよ、ではまた」
A：「ありがとうございます」(高い声で)
B：「ピー」「おかあさん、声ワントーン上がってない？」
A：「これ、あるあるなんだけど、おかあさん、電話のとき声高くなるよね」
C：「思いついたんだけど、ママ友が来る前に部屋きれいにして、『汚いけどどうぞー』って言うおかあさんいるよね？」
A：「わー、いるいる！」
B：「うちは、そんなおかあさん見たことないなー」
C：「というか、そんなおかあさんいなくない？」
A：「いやいや、自分が言ったのに自分のおかあさんじゃないんだー」
三人：「どうもありがとうございました」

舞台袖から

今回紹介するのは、愛知県一宮市立浅井中小学校6年生トリオ「ヲタク」の教育漫才ネタです。昨年7月上旬、「秋に行われる学芸会に保護者を招いて「教育漫才N－1グランプリ大会」を開きたいので、教育漫才研修の講師として来ていただけないか」と校長先生からお電話で依頼を受け、同月下旬に新幹線で出かけました。この終日研修を契機に11月に向けて全校児童が教育漫才を実施したのです。ヲタクのネタは、「あるあるネタ」です。日常生活で見かける人の言動には、実は「規則性」が潜んでいるものです。まだ誰もが見過ごし、価値づけしていないものがあります。そこに気付いてネタにしていくのが、「あるあるネタ」です。鋭い観察から言語化する作業が行われます。ヲタクのネタは、多くのお母さんによくある日常生活に潜む共通する行動パターンを子どもの視線から見つけ、そのパターンを4つ重ねることで聴衆の（私のお母さんも同じ、似ているなあ……）という「共感」を呼び、それと同時に「温かい笑い」が沸き上がるのです。

演じ切ったヲタクは、「自分たちで作り上げたネタが練習の時からよく考えていたので『ウケルだろう』という自信があったから、本番当日まで頑張れた」「最初、漫才をやると聞いて嫌だったが、終わってみて楽しかった。この3人で組んでよかったと感じている」。そして、最後に「教育漫才に取り組んで、クラスだけでなく学校全体が明るくなったように感じた」と魅力を体感したようです。

［第２回］

「定時さん」でいい！

明治大学教授　**諸富祥彦**

私は、「教師を支える会」という会の代表として、月に１回ほど開催するサポートグループで先生方の悩みをお聞きしてきました。

そこで話された20代後半の若手教員のお話です。

この若手の先生は、教師になる前から、教師のあまりの忙しさには疑問を感じてきました。この先生のご両親も中学校の教師と、小学校の教師をされていたのですが、あまりの忙しさに、子どもながらに不満を感じていたのです。子どもとして、さみしかったのです。

大人になっていくにつれて、なぜお父さんとお母さんが、それほどまでに忙しいのか、理解することもできてきました。クラスの子どもたち、部活動の子どもたちとの関係を大切にし、全力を注いで教師という仕事に勤しんでいる、その様子も伝わってきた。

教師という仕事の魅力もビンビンと感じました。子どもたちと一体になって日々の活動に取り組んでいく。その大きな喜びを感じることができる仕事なんだ。そんなことも実感しました。それで、自分も「教師になろう！」と決意したのです。

ただ教師になるにあたって、「自分の家族を犠牲にしたくない」「自分の生活も大切にしたい」という思いも強くありました。「自分の子どもには、幼いころの自分のような、さみしい思いはさせたくない」――そんな気持ちも、もちろん強くありました。また趣味の音楽も続けたいとも思いました。

つまり「教師という仕事」と「自分個人の趣味や家族との時間を大切にすごすこと」その両方とも、手に入れたい。どちらも失いたくない。そんな欲張りな、豊かな人生を生きたいと思ったのです。

そこでこの先生が、教師になるにあたって決めたのが「定時さん」になる！　ということ。定時になったら、とくかく帰る。定時を超えて学校に残ることはしない。そんなふうに心に強く決めたのです。そうしておかないと、いつまでも学校に残ってしまう自分の姿が思い浮かんできたからです。

実際、教師になって「定時」に帰宅していると、まわりの先生からの目が気にならなかったわけではないと言います。同じ学年の先生など「あら、もう帰るの？」と聞いてくる人もいたと言います。

大学の同級生と会った時に、「実は私、毎日定時になると必ず帰ってる」「よく仕事なんとか、なってるね」と驚かれたと言います。

その時についたニックネームが「定時さん」。

最初は、なんだか、怠け者呼ばわりされているようで、違和感がありました。しかし毎回「定時さん」と呼ばれているうちに慣れてきました。

今では、自分の決断と実行力の証としてお気に入りのニックネームになっているそうです。

みなさんも「定時さん」になりませんか？

もろとみ・よしひこ　明治大学文学部教授。教育学博士。日本トランスパーソナル学会会長、日本教育カウンセラー協会理事、日本カウンセリング学会認定カウンセラー会理事、日本生徒指導学会理事。気づきと学びの心理学研究会アウエアネスにおいて年に７回、カウンセリングのワークショップ（体験的研修会）を行っている。教師を支える会代表、現場教師の作戦参謀。臨床心理士、公認心理師、上級教育カウンセラー、ガイダンスカウンセラー、カウンセリング心理士スーパーバイザー、学校心理士スーパーバイザーなどの資格を持つ。単著に『教師が使えるカウンセリングテクニック80』（図書文化社）、『いい教師の条件』（SB新書）、『教師の悩み』（ワニブックスPLUS新書）、『教師の資質』（朝日新書）ほか多数。テレビ・ラジオ出演多数。ホームページ：https://morotomi.net/ を参照。『速解チャート付き 教師とSCのためのカウンセリング・テクニック』全５巻（ぎょうせい）好評販売中。

先生の幸せ研究所 学校向けの業務改善・
組織風土改革コンサルタント
若林健治

[リレー連載・第2回]

見える成果を挙げるために見えにくい部分に目を向ける

学校における働き方改革の推進は文部科学省でも重要施策の1つとして位置付けられていますが、実際の現場では取り組み状況や受け止め方を含めてまちまちというのが現状です。上手く進んでいる場合もありますが、苦労されている学校や教育委員会からはよくこんな声を聞きます。

- 「方針を策定して具体的に施策を進めているのに成果につながらない」という教育委員会
- 「自分たちでできることはやり尽くして、もうこれ以上は無理」という学校管理職
- 「大事だとはわかっているけど何から始めたらよいかわからない」や「他の先生たちの反対にあう／実際に反対にあって何も変えられなかった」という現場

そんなふうに取り組んでも成果が出ないとか、何から取り組めばよいかわからない場合は、あえて見える成果を追うのではなく、一度立ち止まって見えにくい部分に目を向けることが大切です【図1】。

例えば、留守番電話の設置であれば技術的には何の障壁もなく導入できますが、学校側は「自分の学校だけ導入すると足並みが揃わない」とか「保護者の理解を得られないのではないか」など、とても慎重になります。そういった個人の意識や組織全体の風土といった見えにくい部分に目を向けることで、なかなか働き方改革や業務改善が進まない本当の理由を探り当て、取り組みを前に進めていくための突破口が見つかります。

見えにくい部分の奥に潜んでいる思考・行動の癖

個人の思考や行動が形成される裏側には「○○すべき、○○しなければならない、普通は・常識は……」といった思い込みや固定観念があり、さらにそう考えるに至った背景やきっかけ（忘れていることも多い）があります。

例えば、教員5年目くらいのAさんとBさんがいたとします。Aさんは初任者のときに「一人の大人が1年間責任もって関わってこそ教育」と教わり、できる限り担任が一人で対応しなければならないと思っています。一方でBさんは「いろんな大人が関

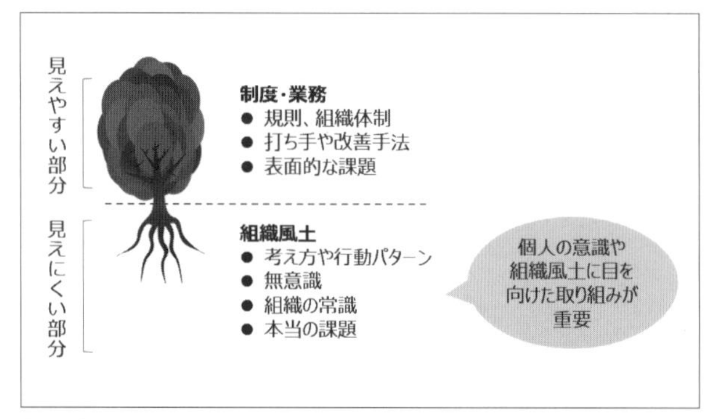

【図1】

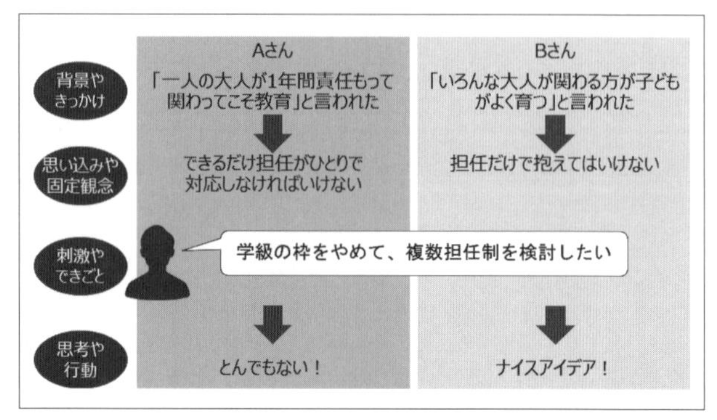

【図2】

わかばやし・けんじ　東京工業大学卒業後、総合コンサルティング会社に入社し、企業向けの経営改革・業務改革プロジェクトを手掛ける。その後、双子の娘の誕生がキッカケになり、「なりたい自分」や「つくりたい世界」に向って自ら学び、自分を変えていける人で溢れた社会を目指して、ここ数年は学校や教育行政の主体的な変革を後押しする仕事にシフトしている。令和３年経済産業省「未来の教室」実証事業「教師のわくわくを中心にしたPBL型業務改善」をはじめ、多数の自治体や学校で伴走支援や働き方改革の研修講師を担当している。

業務見直し案	バイアス例
清掃なし	毎日掃除はするべき！
帰りの会を昼休みに行う	昼休みは毎日確保するべき！
下校指導の分担	職員も全員で指導するべき！
防犯パトロールの廃止	生徒が家に帰るまでしっかり指導するべき！
職員会議の議題の精選	職員全体で話し合って決めるべき！
会議のペーパーレス化	大切なことは紙ベースであるべき！
「4時半までは家庭学習」ルール廃止	早帰りの日は家で勉強するべき！
年休取得の奨励	みんなが年休を取らないのは仕事量が多すぎるからだ！
所見の廃止/簡素化	通知表の所見は書かねばならない！ （なくすなんて教師としてあるまじきことだ！）
連絡ノートの廃止/簡素化	ノートにコメントを書かないと子どもとのつながりが作れない！

なぜそう思うのか、本当に必要なのかを考えた結果・・・
「これは思い切って手放してみよう！」という結論に

【図３】

わる方が子どもがよく育つ」と教わり、担任だけで抱え込んではいけないと思っています。そんなときに「学級の枠をやめて、複数担任制を検討したい」と言われた場合、ＡさんとＢさんの反応（行動や言動などの見えやすい部分）は対照的なものになりますが、その背後にある思い込みや固定観念、それを形成した背景やできごと（見えにくい部分）まで遡らないと自己理解や相互理解は深まりません【図２】。

思考・行動の癖に自覚的になれる思考法（クリティカルシンキング）

学校内で働き方改革／業務改善に取り組んでいくときにも同じようなことが起こります。思い込みや固定観念のような思考・行動の癖を専門用語で「バイアス」と言い、どんな人でも沢山のバイアスを持っています。特に幼少期や初めて経験することが強く自分の中にデータとして書き込まれると言われますが、それを自覚することで良いものは残し、良くないものは書き換えたり削除したりできます。それを可能にするのがクリティカルシンキングです。

実際に弊社がご支援した学校では、現状を見直していく際に皆が持っているバイアスに自覚的になることで「なぜそう思っていたんだろう？」「本当に必要なの？」という思考が生まれ、現状のやり方を思い切って手放すという結論に至りました【図３】。

見えにくい部分から見える成果につなげる

働き方改革や業務改善を始める段階で既にあきらめがちだったり、取り組みが停滞してしまっている場合、「するべき、してはいけない、ふつう・常識、やっぱり、できない、あの人はこうだ」といったバイアスが邪魔をしていないか考えてみてはいかがでしょうか。個人では自分との対話を、組織では停滞や対立が起こっている本当の理由を話し合ってみることで、「対立から対話」に変化していくことが大切です。

子どもの学びを豊かなものにするために、先生のゆとりや余白を生みだすという目的さえ一致していれば、取り得る手段は無限にあり、教職員の皆さんご自身の力で必ず納得解を見出すことができます。

［第２回］

SDGs for school management
ケアの溢れる持続可能な学校

学校法人湘南学園学園長　住田昌治

SDGsの視点を取り入れて学校経営をすることで、これまでの学校経営上の課題を解決することができるだろうか。

私は、これまで12年間校長としてESDの視点を取り入れて学校経営をしてきた。その中で実感したことは、「学校が元気になったこと」「教職員がエンパワーされたこと」「子どもたちが主体的になったこと」「保護者（PTA）・地域が活性化したこと」等が挙げられる。ところで、ESDとSDGsの違いは何だろう。SDGsは知ってるけど、ESD って何だ？と思われる方も多いかもしれない。現に、研修などで「ESDが学習指導要領に盛り込まれたのですが、知っていますか？」と質問しても反応は良くない。今回のテーマは「SDGs×学校経営」なので、ESDについて詳しく記すことは避けるが、私の実践を振り返る意味でも簡単に紹介しておきたい。

ESDとSDGsの違い

SDGsの17の目標のうち、目標４に「すべての人々に包摂的かつ公平で質の高い教育を提供し、生涯学習の機会を促進する」という教育に関する目標が設定されている。そして、目標４の中の4.7には「2030年までに持続可能な開発と持続可能なライフスタイル、人権、ジェンダー平等、平和と非暴力の文化、グローバル市民、および文化的多様性と文化が持続可能な開発にもたらす貢献の理解などの教育を通じて、すべての学習者が持続可能な開発を推進するための知識とスキルを獲得するようにする」と記されている。SDGs17の目標は、環境や人権、文化などのカテゴリーに分けられるが、「教育」はそのすべての実現に貢献する。「教育」は持続可能な開発を実現するための最も重要なカギになるのである。要するに、ESDはSDGs実現のためには欠かせない理念なのである。ちなみに、SDGsは、2015年９月の国連サミットで採択され、2030年までに「誰一人取り残すことなく」持続可能な社会を目指すために制定された。ESDは、“持続可能な開発のための教育”または“持続発展教育”と訳され、2002年のヨハネスブルグサミットで日本のNGOと政府が共同提案し、国連で決議された新たな教育理念であり、地球環境を保全し、持続可能な社会の創り手を初等中等教育段階から育成することを目指したものだ。ESDは、持続可能な社会づくりを目指して、世界中で20年近く続けられている教育運動とも言える（日本が提案して始まったESDが、日本で知られていないのは残念！）。

持続可能な社会は持続可能な学校から

私がESDに出合ったのは、2008年頃だったが、私もそれまでは聞いたこともなく、横浜でも知っている人は皆無だった。総合学習を進めている中で、子どもたちの関心がどんどん広がっていくのをどのようにまとめればいいか相談を受けたことから出合ったのがESDだった。ESDは、子どもの思考に寄り添い、学際的で、多様性を受容し、学びの広がり・深まりが感じられた。この出合いから、授業から生活へ、授業から行事へ、授業から地域活動へ、授業からエコプロで

すみた・まさはる　学校法人湘南学園学園長。島根県浜田市出身。2010～2017年度横浜市立永田台小学校校長。2018～2021年度横浜市立日枝小学校校長。2022年度より現職。ホールスクールアプローチでESD／SDGsを推進。「円たくん」開発者。ユネスコスクールやESD・SDGsの他、学校組織マネジメント・リーダーシップや働き方等の研修講師や講演を行い、カラフルで元気な学校づくり、自律自走する組織づくりで知られる。日本持続発展教育（ESD）推進フォーラム理事、日本国際理解教育学会会員、かながわユネスコスクールネットワーク会長、埼玉県所沢市ESD調査研究協議会指導者、横浜市ESD推進協議会アドバイザー、オンライン「みらい塾」講師。著書に『「カラフルな学校づくり」～ESD 実践と校長マインド～』（学文社、2019）、『「任せる」マネジメント』（学陽書房、2020）、『若手が育つ「指示ゼロ」学校づくり』（明治図書、2022）。共著『校長の覚悟』『ポスト・コロナの学校を描く』（ともに教育開発研究所、2020）、『ポスト・コロナ時代の新しい学校のマネジメント』（学事出版、2020）、『教育実践ライブラリ』連載、日本教育新聞連載他、多くの教育雑誌や新聞等で記事掲載。

の発表へ、授業から○○へと、どんどん対象が広がっていった。それはじわじわ広がる「もみじアプローチ」と呼ばれ多くの人に関心を持っていただいた。持続可能性が学校から家庭・地域へと広がる一方、学校の在り方そのものにも目を向けるようになった。

学校は社会の縮図と言われるわけだから、学校が持続可能であれば社会も持続可能だと言えるかもしれない。逆に考えて、社会を持続可能にするために、まず学校を持続可能にしたらどうだろうと考えた。その後、「社会に開かれた教育課程」「より良い学校教育を通じてより良い社会を創る」という目標が国から示されたこともあり、「持続可能な学校を通じて持続可能な社会を創る」という考えを打ち出して学校経営を進めてきた。SDGsの視点を取り入れた学校経営は、このようにして始まった。

「ケア」を核とした学校経営

持続可能な学校については、前回も書いているが、そこに至るまでに考えたり、話し合ったりしながら、トップダウンではなくボトムアップで教職員や子どもたち、保護者や地域の意見を受け取りながら取り組んできた。

持続可能な学校にするために、まず最初に取り組んだことは、何を核とするかを考えることだった。そこで、「持続可能な社会にするために、学校で必要なことは何か？」「日々、子どもと接している中で大切にしていることは何か？」という問いを発し、教職員に答えてもらった。そこで出てきたのは、「思いやり」「主体性」「認める」「挑戦」「ケア」「同じ目線」等々。そこで、持続可能な学校の核を「ケア」として、お互いの違いを受容し合い、押し付けや、争いのない学校づくりを目指すことにした。

「ケア」を核とした学校経営とは、SDGsの基本理念でもある「誰一人取り残さない」を学校経営にも取り入れることである。子どもだけでなく、教職員も誰一人取り残さず、学校で生き生き働き、一人一人が輝く場面をつくっていくことである。子どもにはそんな場面をつくっていても、教職員は辛い働き方となり、ワクワクするような学びの場が用意されていないことが多い。他者を気にかけ、声をかけ、違いを認め合えるような状況を作り出すためには、絶対的に「ゆとり」が必要である。教職員にゆとりがなければ、ソーシャルキャピタルが保たれず、何をやってもうまくいかなくなる。「誰一人取り残さない」というマインドには、他者をケアするためにも自分をケアすることが欠かせない。今、職場で仕事することが辛い人がいると思うが、その人をケアする人も、ケアする人をさらにケアする人も必要だ。このように、学校の中にお互いにケアし合う文化、ケアリングが溢れていることが持続可能な学校をつくるのである。

皆さん、どうでしょう。職員室で隣にいる人の様子はどうですか？ 何に困っていて、悩んでいるか知っていますか？ あなたが困っているとき、声をかけてくれますか？ 相談できる人が近くにいますか？ 優しくしてもらっていますか？ 人のせいにしたり、愚痴ばっかりだったり、絶え間なく言い争っていたり、無関心だったり、そういうのは悲しいですよね。明るい話題で笑いが絶えない職員室、そんな学校がケアの溢れる持続可能な学校です。

〔第２回〕

授業の事例研究で大事にしていること（1）

授業実践を見るということ、何を見るのか

学びの共同体研究会
佐藤雅彰

【実践事例】静岡県富士市立元吉原中学校
1年「数学」—水くみの最短コースは？—
佐藤和弘教諭（2022年1月20日実施）

静岡県富士市立元吉原中学校（久保田実校長）は、10年以上にわたって学びの共同体としての学校として、すべての授業で「子ども一人ひとりの学びを保障する」「誰も孤立させない」「質の高い学びの創造」を目指している。

この学校では、年１回は同僚に授業を公開し、実践事例をもとに、目の前の事実から何を学べたか、例えば、子どもたちはどんなつまずきをしたか、それに教師はどう対応したかなどを教科の壁を越えて学び合っている。

（1）授業がイメージできる本時の目標

教師たちが、授業を公開するときに大事にしている一つに「本時の目標」がある。「何を、どのような手立てによって、何ができるようになるのか」という書き方である。実践事例の「本時の目標」は次のとおりである。

> 基本的な作図方法を知った子どもたちが、垂線の作図を活用して、与えられた条件に適する最も短い距離を作図できる。

本時の目標を読むだけで学習の流れがイメージできる。最近こうした書き方が増えた反面、「～を考える」とか「～を調べる」などと書く人がいる。「考える、調べる」では、何ができるようになるのかが明白ではない目標もある。

（2）課題の構造や課題のつながりを見る

教師の教材解釈が課題の構造に現れる。そこで学びが深まっていく課題のつながりになっているか、また、子どもたちがどのような姿で課題と関わっているかなどを参観したい。

実践事例の課題の構造は次のとおりである。

① 授業前半の「共有の課題」は教科書教材で、単元「平面図形」のまとめの問題である。

> **授業前半：「共有の課題」**
> Ａの家から出発して、川で水を汲んでＢの家に行くとき、最も短い距離になるためにはどこで水を汲めばいいでしょうか

② 授業後半の「ジャンプの課題」は、共有の課題で理解した知識を教科書レベルよりも高い課題で思考力、判断力、表現力を育てるねらいがある。

> **授業の後半：「ジャンプの課題」**
> Ａから川ℓで水を汲み、その後川mで水を汲み、も

どりたい。一番歩く距離を短くするために、川ℓ、mのどこで水を汲めばいいでしょうか

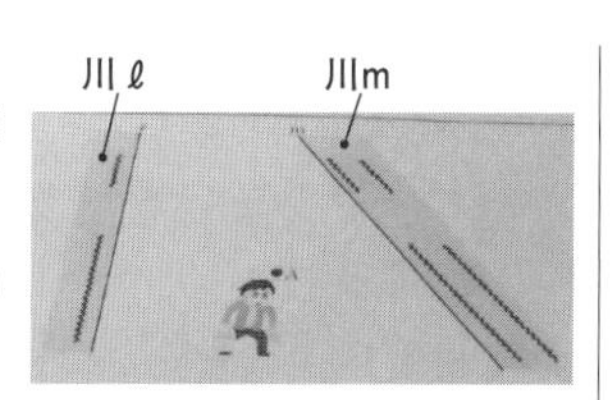

ジャンプ課題は、下位層や中位層の子どもにとっては難しい。そこで仲間に「教えて」や「どう考えた」を安心して言える共同体が必要となる。

文部科学省も「協働的な学び」(協同的な学び)を求めるが、易しい問題では探究も協同も起きない。「探究」や「協同」(グループ活動)は、ヘルプシーキング行動が起きる課題によって成立する。

子どもの授業への参加構造や課題に対する考えの散らばりを見る

「何を見るのか」とよく尋ねられる。これを見ると言うと、それしか見ない教師が増える。したがって、自由に見ることが基本である。

かといって、ただ漫然と見ると適当になる。

授業は、教師と子ども、子どもと子ども、教師と教材、子どもと教材との対話で成立する。したがって、これらの「間」で起きる教室の事実から学ぶことである。

(1)授業への参加構造を見る

子どもたちの多くは、授業の始まりでは「今日は何を学ぶのか」といった表情をしている。

導入時に小テストを実施する教師がいる。けれども正解、不正解だけで、間違いから学び直す機会がない。だから下位層の子どもは「俺は、だめだ」と自分の価値を値引きし早々と学ぶ意欲を失ってしまう。

「鉄は熱いうちに打て」という諺がある。授業者である佐藤先生は、小テストや余分な話もなく授業開始後2分で、最初の「共有の問題」(プリント)を配布し、グループ活動による探究を始めた。

グループ活動は、個人思考から始まったが、困った時に仲間にケアされたり、教科によっては多様な考えを聴き合ったりする活動である。

したがってグループ活動における教師の居方は、机間巡視よりも特定の子どもや個々のグループの学び合いを俯瞰する。特に子ども同士の「つながり関係」を見ることが必要である。例えば、下記の六つのグループの子ども同士のつながりや動きを見て、教師はどう対応すべきだろうか。

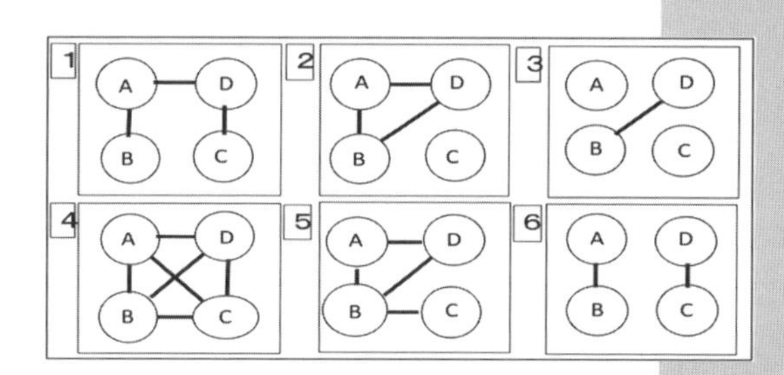

例えば、2班のCが孤立している。できる限り早く対応をする。3班は教師がグループの探究に加わる。4班は4人よりもペアが中心になっている。この関係がその後も変化しなければ、つながり関係を変える。聴き合う関係が成立しているグループは、子どもたちを信じて任せるなどである。

(2)課題に対する考えの相違や散らばりを見る

共有の課題にどう取り組んでいるか、特に子どもの思考をノート上に表れた跡で知ることである。実践事例では四つに分かれた。

一つ目は、大半の子どもは作図ができない。

二つ目は、線分ABの垂直二等分線の利用である

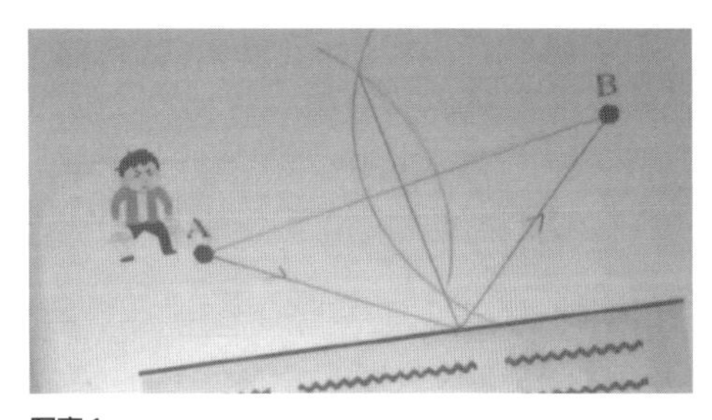

写真1

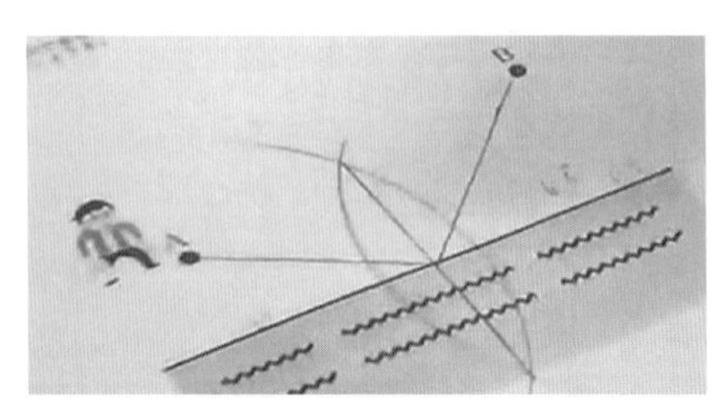
写真2

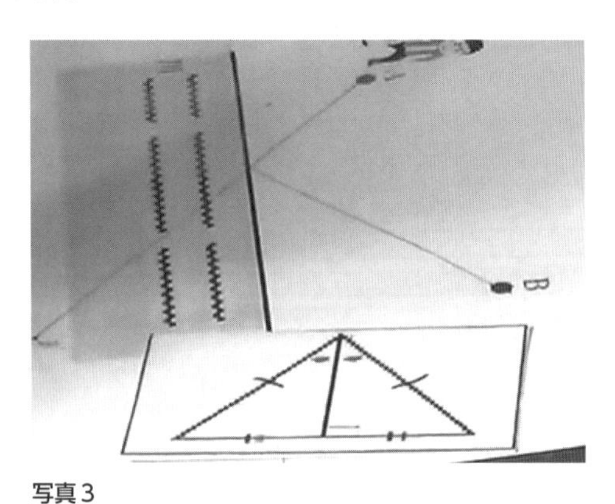

写真3

（**写真1**）。

三つ目は、点A、点Bから垂線を川まで下ろし、中点を使う（**写真2**）。

四つ目は、正解の作図である。数人が描けていた（**写真3**）。

授業者は作図ができていない状況を感じ、個人思考から全体学習に切り替えた。子どもの実態に即して活動をデザインし直すことは大事である。

子どもの言葉のやりとりや言葉の連鎖から理解の深まりを洞察する

子どもの理解の程度やつまずきを知るには、子ども同士の言葉のやりとりを聴くことである。**写真4**は、作図ができた木村さん（手前左側の女子）（以下、子どもの名は全て仮名）が仲間に作図の仕方を説明している。

木村さん：「点Bから川に垂線を引き、点Bから川までの距離と同じ長さの点B´を反対側にとり、点Aと点B´を結んで……」と説明する。

鏑木さん：「なんで同じ距離をとるとできるの」

木村さん：「……」

鈴木さん：「なんかおかしい」

写真4

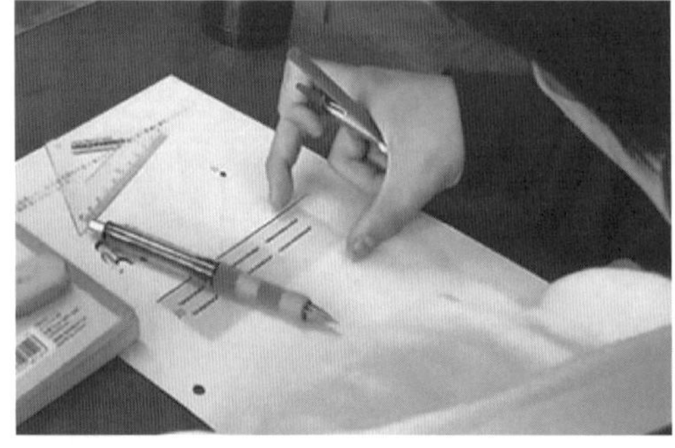
写真5

さとう・まさあき　東京理科大学卒。静岡県富士市立広見小学校長、同市立岳陽中学校長を歴任。現在は、学びの共同体研究会スーパーバイザーとして、国内各地の小・中学校、ベトナム、インドネシア、タイ等で授業と授業研究の指導にあたっている。主な著書に、『公立中学校の挑戦―授業を変える学校が変わる 富士市立岳陽中学校の実践』『中学校における対話と協同―「学びの共同体」の実践―』『子どもと教師の事実から学ぶ―「学びの共同体」の学校改革と省察―』（いずれも、ぎょうせい）など。

多くの子どもは、**写真５**のように点Ｂと川までの長さを反対側にとって点Ｂ´とすることがわからない。

授業者は、グループ活動を止め、全体学習で木村さんに説明をさせた後、沢村さんに「どう？」と意見を求めた。沢村さんは「木村さんの説明で作図の仕方自体はわかりました。けれど、私に『しっかり理由を説明しなさい』と言われたら困る」と。

子どもの多くは、沢村さん同様に作図法はわかるが、なぜ同じ長さにするのかがわかっていない。

どのようなヒントを与えれば、子どものモヤモヤ感を解消できるか、教師の出番である。

授業者は「同じ長さ」を納得させるために、あらかじめヒントを準備していた。ところが別のグループでの高木さんと水野さんの会話が「わかりやすい」と判断し、ヒントとして取り上げた。

高木さん：「理科で光を鏡にあてると反射するけど、光は最短距離で進むことを学んだね。覚えている？」
水野さん：「入射角と反射角が等しい」
高木さん：「そうだけど。鏡の中に光源が見えたね。それを何と言った？」
水野さん：「像」
高木さん：「そうそう。像は鏡からどれだけの長さだった？」
水野さん：「同じ。……そうか」

高木さんの語る言葉は断片的であっても、水野さんは「光と鏡」「反射」「像」という言葉の連鎖の中で「同じ」を納得できている。教科横断的な見方・考え方ができる子どもの発想が素晴らしい。

子どもがどのようにジャンプの課題に関わったか、課題への探究が深まったかを見る

ジャンプの課題は、教科書以外で発展性のある課題への挑戦である。子どもたちの多くは、共有の課題で理解した知識を活用し、点Ａから両方の川に垂線を引き、**写真６**のような作図を始めた。基礎的な知識の活用はできたが不正解である。けれども各グループには正解者もいた（**写真７**）。

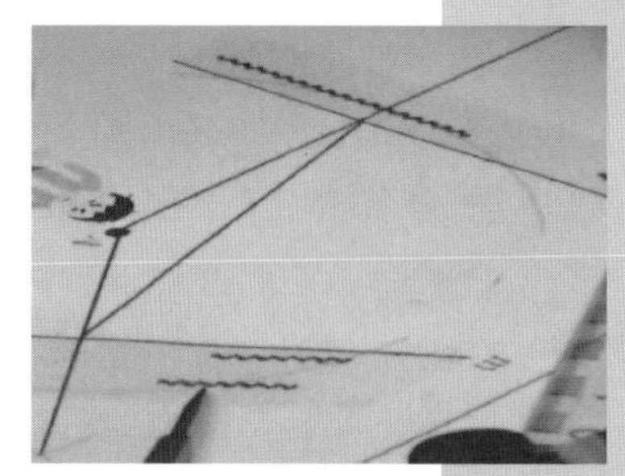

写真６

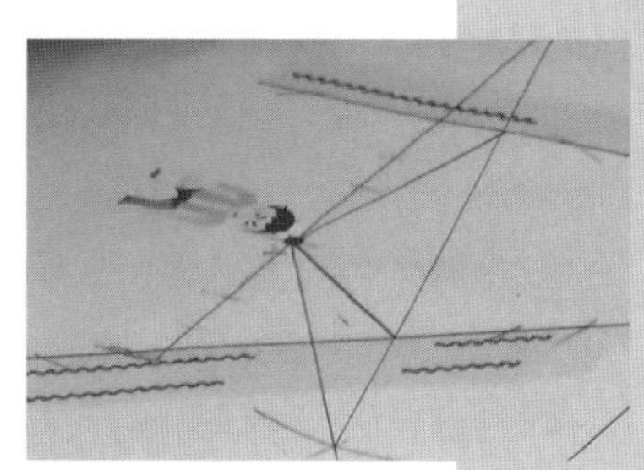

写真７

授業者は、できていない子どもが自分の思考の中に他者の思考を組み込み、自分の思考を拡げたり深めたりすることを考えていた。

そこで、あえて正解・不正解を言わずに二つの作図を並べて、グループ活動でどちらの作図が正解なのかを探究させた。

探究それ自体が、基礎的な知識の振り返りであり、一人では解決できないため、必然的に協同的な学びが生まれ、子どもたちは夢中になって探究し、正解にたどりつくという学びが実現した。

改めて「探究」と「協同」は子どもの学びと育ちに欠かせないことを実感した実践事例である。

子どもと保護者が参加する校則の見直しへ

文部科学省による生徒指導の基本書『生徒指導提要』の改訂試案が、今年の3月に公表された。第1回で述べたように、この改訂試案からは、生徒指導を子どもの人権を尊重したものへと変えていこうとする決意が見て取れる。そして、そのことが典型的に表れているのが、校則の見直しについての記述である。今回は、そうした校則の見直しが改訂試案ではどのように書かれているのかについてみていきたい。

子どもの人権を尊重した校則の見直しへ

近年、「ブラック校則」という言葉の流行とともに、子どもに大きな不利益を与えたり人権侵害につながったりする校則指導の問題がたびたび指摘されてきた（荻上・内田編 2018 など）。その中には、生まれつき髪が茶色い生徒への黒染めの強要から、部活動の強制加入、夏の日焼け止めや水分補給の禁止、冬のマフラーやタイツの着用禁止、さらには下着の色の指定とチェックといった耳を疑うようなものまで存在する。子どもたちの心と体の健康、そして尊厳を守るためにも、問題のある校則を見直していくことは各学校にとって重要な課題であり、近年は教育委員会や各学校でも取組が進められてきている。

校則の見直しについては、2010年に発行された現行の生徒指導提要でもすでに、「校則の内容は、児童生徒の実情、保護者の考え方、地域の状況、社会の常識、時代の進展などを踏まえたものになっているか、絶えず積極的に見直さなければなりません」（p. 206）と、その必要性が明記されている。また、校則の制定や見直しの権限は最終的には校長にあるが、子どもや保護者が校則の見直しに参加する例があることも紹介されている。

しかし改訂試案では、校則の見直しについてさらに一歩踏み込んだ記述が行われるようになった。ここではそのポイントを三つに絞って説明したい。

第一に、「校則の意義を適切に説明できないようなもの」（p.76）や、「校則により、教育的意義に照らしても不要に行動が制限されるなど、影響を受けている児童生徒がいないか」（p.76）のように、どのような校則が見直されるべきかということがより具体的に示されるようになった。実例を挙げると、前者についてはツーブロックやポニーテールの禁止といった髪型の不可解な規制、後者については休み時間の他クラスへの立ち入り禁止といった友人関係を制約する校則などが当てはまるだろう。こうした変更は、「児童の権利に関する条約」に含まれている「児童の最善の利益」という原則を反映したものだと考えられる。

第二に、校則の制定や見直しについて、「児童生徒や保護者等の学校関係者からの意見を聴取した上で定めていくことが望ましい」（p.76）というように、子どもや保護者の参画が推奨されるようになった。さらには、校則の制定・見直しのための手続きをあらかじめ子どもや保護者に示しておくことも推奨されている。これらの変更からは、学校主導で校則を

東京学芸大学准教授
伊藤秀樹

●Profile●
いとう・ひでき　東京都小平市出身。東京大学大学院教育学研究科博士課程単位取得退学、博士（教育学）。専門は教育社会学・生徒指導論。不登校・学業不振・非行などの背景があり学校生活・社会生活の中でさまざまな困難に直面する子どもへの、教育支援・自立支援のあり方について研究を行ってきた。勤務校では小学校教員を目指す学生向けに教職課程の生徒指導・進路指導の講義を行っている。著書に『高等専修学校における適応と進路』（東信堂）、共編著に『生徒指導・進路指導――理論と方法　第二版』（学文社）など。

定めていくのではなく、子どもや保護者の「意見を表明する権利」を尊重し、より民主的な手続きで校則を定めていくべきだというメッセージが読み取れる。

第三に、「校則を見直す際に児童生徒が主体的に参加することは、学校のルールを無批判的に受け入れるのではなく、自身がその根拠や影響を考え、身近な課題を自ら解決するといった教育的意義を有する」（p.77）というふうに、校則の正当性を疑うことの積極的な意義が記されるようになった。生徒指導は子どもたちが規則を守れるようになることだけでなく、より適切な規則を作り出していけるようになることを目指して行われるべきだという強い願いが、この一文にはこめられているように感じた。

このように改訂試案では、校則の内容や見直しの手続きが子どもの人権（「児童の最善の利益」や「意見を表明する権利」）を尊重するものへと変わっていくことが望ましいとされている。また、校則の見直しのプロセスを通した子どもの成長ということも意識されるようになっている。こうした内容が生徒指導の基本書である生徒指導提要に明記されることは、大きな一歩であるだろう。

少数派の意見の尊重が課題

しかし、課題もある。一つ目は、室橋（2022）でも述べられているように、こうした理念がどれだけ各学校やそれを取り巻く人々に理解され、実践に移されるかということである。今回の画期的な記述も、それが学校内の各教員の目に留まることがなければ、絵に描いた餅で終わってしまう。また、各学校の頭髪・服装指導が厳しくなっていく背景には、個性的な制服の着こなしや頭髪をよしとしない保護者や「地域の目」の存在もある。校則の見直しは子どもたちの人権尊重や成長のためにも欠かせないという生徒指導提要の理念を、学校内外に広めていく必要があるだろう。

二つ目は、校則の見直しが行われた際に、多数派の子どもや保護者の意見に引っ張られることで、見直された校則が少数派の子どもや保護者に不利益を与えるものになってしまう可能性である。例えば、制服着用の見直しの際に多数決が用いられると、自らの性自認とは異なる性を前提とした制服を強要されるかもしれないトランスジェンダーの子どもの意見は、十分に反映されなくなってしまうかもしれない。また、学校の規律維持のために校則をより厳しくすることを求める保護者らの要望に応じることで、様々な事情で校則に従うことができない子どもたちが、学校に足を運びづらくなってしまうかもしれない。

改訂試案にも、「校則の制定にあたっては、少数派の意見も尊重しつつ」（p.75）と明記されている。校則の制定や見直しに関する最終的な権限は校長にあるが、その権限が少数派の子どもや保護者のニーズを守るときに活用されていくことを願っている。

引用・参考文献

- 室橋祐貴「『ブラック校則』見直しへ、大幅に改善した文科省『生徒指導提要』（改定試案）。課題は現場への浸透か」2022年（https://news.yahoo.co.jp/byline/murohashiyuki/20220329-00288798）
- 荻上チキ・内田良編『ブラック校則――理不尽な苦しみの現実』東洋館出版社、2018年

未来を切り拓く総合的学習
Pioneer-No.2

地域や仲間、多様な他者と心を通い合わせる探究的な授業づくり

愛知県安城市立安城東部小学校

体験活動と「つなぐ」ICT活用による学びの相乗効果

コロナ禍で、人と人との関わりが稀薄になっている。だからこそ、互いに心を通わせることを大切にしたい。先行き不透明な現代社会の中にあっても、課題を自ら見いだし切実感をもって探究しながら、幾多の壁を乗り越えていく。そんな力強くしなやかに生きる子どもたちであってほしい。本校の総合的な学習の時間には、このような教師の願いが込められている。さらに、目指す子どもたちを育むべく「地域教材を生かした体験活動の充実」と「ICT活用による学びの相乗効果の実現」を意識した授業づくりを進めている。ここでの体験活動とは、ゲストティーチャーやフィールドワークを通しての新たな出会いや対話も含む。ICT活用におけるキーワードは「つなぐ」であり、三つの視点に分けられる（**資料1**）。

① 地域と子どもを「つなぐ」ICT
② 子ども同士を「つなぐ」ICT
③ これまでの学びを「つなぐ」ICT

資料1　ICT活用三つの視点

以下、実践を通して本校の体験活動とICT活用の捉えについて詳しく説明する。

6年「令和型三河万歳をつくる～伝統芸能の力で地域に笑顔の輪を～」の実践より

（1）地域発祥の伝統芸能「三河万歳」と実践者の願い

みなさんは三河万歳をご存じだろうか。三河万歳とは、室町時代に起源をもつ歴史ある予祝芸能である。1995年には国の重要無形民俗文化財に指定された。学区の東別所町および西別所町は三河万歳発祥の地であると言われている。本校でも課外活動として三河万歳部が存在し、年に数回の公演を行っていた。しかしコロナ禍のため、公演の機会はなくなり、子どもたちの意識や関心も薄らいでいるのが現状である。伝統芸能の継承と保存は、地域全体にとっての切実な問題である。実際に地域にふれ、多様な他者と心を通わせる中で、地域の問題に対して本気で向き合う姿を引き出したい。そして、協働的に探究する中で、６年竹組ならではの新しい知を創り出し、地域へと働きかけていってほしい。そのような願いをもって本実践はスタートした。

（2）課題の設定「保存会の方々との出会いから」

保存会に協力いただき、子どもたちが本物の三河万歳にふれる機会をつくった。講話だけでなく、実際の舞も見せてもらった。振りの練習や鼓を打つ体験活動も行った。さらに、６年生唯一の三河万歳部員が舞台に呼ばれ、コラボレーションの舞が披露された（**資料2**）。このサプライズに学年は大いに盛り上がり、体育館は大きな拍手と声援に包まれた。

「あなたたちがやらなくて誰がやる？」副会長・杉浦さんの思いにふれた子どもたちは、真剣な表情

資料2　コラボレーションの舞

を見せていた。今まで三河万歳を傍観していた６年生は、この授業をきっかけに、自分たちの地域と真剣に向き合い始めた。

保存会の人たちとの出会いを経て、子どもたちは「三河万歳の力で地域みんなの笑顔の輪をつくるにはどうすればいいだろう？」という課題を見いだした。「笑顔の輪」は杉浦さんが大切にしている言葉であり、そこに、コロナ禍で暗くなった世の中を少しでも明るくしたいという子どもたちの願いが合わさったものである。

（3）情報の収集「徹底したフィールドワーク」

課題について話し合う中で、子どもたちの中に自分たちで三河万歳を演じたいという思いが生まれた。そこで地域みんなが笑顔になれる「令和型三河万歳」を計画しようということになった。「令和型」となったのは、より親しみやすくするために、三河万歳をアレンジしたいという声が挙がったからである。

しかし、地域の人たちが三河万歳をどのように捉えているのか。どのようにすれば笑顔の輪をつくれるのか。新たな問題意識が生まれた。そこから子どもたちのフィールドワークが始まった。

今回の実践では、地域みんなを笑顔にする令和型三河万歳を目指すため、在校生や家族、お年寄り、劇団員の方々、保存会の方々など、様々な年代にインタビューやアンケートを実施した。多くの対話を通して、子どもたちは三河万歳と笑顔に関するデータを着実に蓄えていった。また、アンケートやインタビュー結果を集計し表やグラフにまとめることで、地域の現状をより詳しく捉えることができた（**資料１**：ICT活用視点①）。

（4）整理・分析「仲間や地域と心を通わせる」

１年生への調査結果を整理・分析する場面では、タブレット上に自分の考えと根拠となるグラフやデータをまとめ、思考の視覚化を図った（**資料３**）。

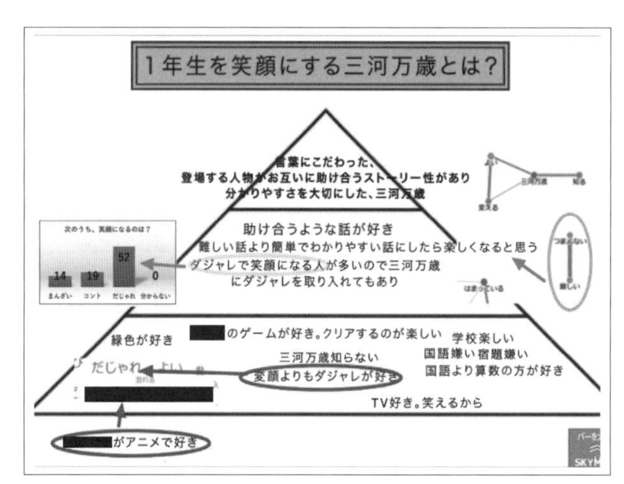

資料３　タブレットにまとめた考え（黒塗りは某人気アニメとゲーム）

それを全体で共有することで、協働による新たな知を目指した（**資料１**：ICT活用視点②）。

授業の中で、ある子がインタビュー動画をモニターで示しながら、１年生を笑顔にしようとして失敗したエピソードを語った。「興味をもたせることができなかった」というのが、その子の原因分析であった。ここで動画を各グループへ配布し、更なる分析を試みた。動画を介することで、他者でもその場面を追体験し、つながることができる。グループでは動画を何度も再生し、その子と１年生の気持ちに寄り添いながら協働的に原因を追究する子どもたちの姿があった（**資料１**：ICT活用視点②）。「相手をしっかりと見ていないからではないか」や「もっと本気さが必要」「１年生のおもしろさと６年生のおもしろさの違いを意識しないと」など、今後の創作へとつながる分析がいくつも生まれた。

お年寄りへの調査結果を整理・分析する場面では、「おじいちゃんおばあちゃんが泣いていた」という意見が出された際に、一度立ち止まる場を設けた（**資料４**）。これは特別養護老人ホームでのインタビューを終え、子どもたちが帰ろうと手を振った際に、お年寄りが笑顔で泣いていたことを指している。お年寄りのこの時の気持ちに迫れるよう、その場面の動

資料４　お年寄りの涙

画を各グループへ配布し、この感情が生まれた理由についてクラス全体で分析する時間を取った（**資料１**：ICT活用視点①）。「動画で名残惜しいと言っていたので、孫との記憶があふれ出たのかな。だから、もっと話していたいなあって」や「コロナ禍だし、心の中で欠けているものがあると思う。僕たちが来たことでそれが埋まって、久しぶりの感覚で泣けたのかな」など、お年寄りの気持ちに寄り添った意見がいくつも出された。この話し合いを通して、令和型三河万歳に「感動」というキーワードが加わった。

これまでの様々な調査結果についての整理・分析を統合し、令和型三河万歳の最終的な方向性を考える場面では、ワードクラウドを活用した（ウェブブラウザの無料ツール）。ワードクラウドでは、文章データが品詞によって色分けされ、数多く登場した言葉や特徴的な言葉が大きく表示される。この場面では、探究活動におけるすべての振り返りについて分析を行い資料として配布した（**資料５**）。ここには、

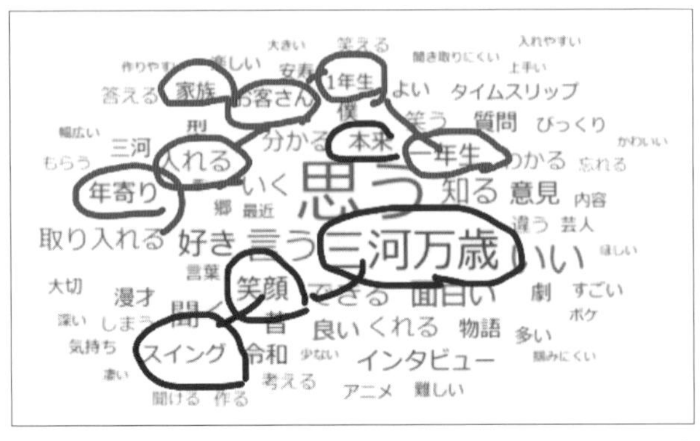

資料５　目次的ワードクラウド（お年寄りの調査結果の整理・分析と同じ時間に行ったため「感動」などのキーワードは板書に）

クラス全員の振り返りが凝縮かつ視覚化されている。言わば６年竹組の令和型三河万歳探究の目次である。子どもたちはこの資料を基に、これまでの探究活動を俯瞰的に捉え線で結びながら、時にはタブレットに蓄積された過去の学びを参考にして、令和型三河万歳の方向性を練り上げていった（**資料１**：ICT活用視点③）。話し合いの結果、子どもたちは「様々な年代の好みを詰め込み、誰にでも分かる内容で、演者とお客さんの心と心がつながり、見終わった後に自分たちとお客さんが友達以上の関係になれるような笑顔と感動の三河万歳」と結論付けた。

（５）まとめ・表現「コロナ禍を三河万歳の力で笑顔に」

２月の学習発表会に向けて、子どもたちはアイディアを出し合いながら台本作りに励んだ。その中で、お客さんと心と心がつながり友達以上の関係になるためには、会場との「一体感」が必要だと考えた。そこで、お客さんと一緒に舞う体験やクイズを取り入れた。さらに、子どもたちはヒーローショーにヒントを得て、コロナ怪人を会場全体で行う三河万歳の舞でやっつけるという展開を考案した。その後、役者と道具、音楽、衣装のチームに分かれ準備を進めた。それぞれの進捗状況、連絡や情報共有はタブレット上で行った（**資料１**：ICT活用視点②）。チームで困り感や相談事があった場合、その都度話し合いの機会をもち、解決しながら全員でつくり上げることを意識した。

舞台稽古では、杉浦さんの言葉「笑顔を絶やさずに福と幸せを願いながら演じること」を大切にしながら、子どもたちは地域の笑顔の輪をつくるために、一生懸命練習を重ねた。劇団主催者の三浦さんの力も借りながら、６年竹組の令和型三河万歳は完成の日を迎えた（**資料６**）。

学習発表会ではまん延防止等重点措置のため、お客さんの数が制限された。しかし、動画配信することで子どもたちの熱い思いは地域へ発信することが

資料６　三浦さんからアドバイスを受ける子どもたち

資料７　令和型三河万歳――会場と一緒に舞う様子

できた（**資料７**）（**資料１**：ICT活用視点①）。令和型三河万歳を披露し、杉浦さんに大絶賛された子どもたちの表情は笑顔で満ちていた。会場には、お客さんを含め、みんなの「笑顔の輪」ができていた。

子どもたちの切実感や心の通じ合い、新たな知はどのようにして生まれたか

本実践では、地域発祥の三河万歳を今後も守っていきたいという思いに加え、三河万歳の本質「人に幸せを運ぶこと」を大切にしながら、コロナ禍で暗くなった地域を笑顔にしたいという子どもたちの切実な願いを引き出すことができた。それは様々な体験、出会いと対話を通じて、子どもたちの中に自分だけではない地域全体の思いがしっかりと入り込んだ結果だと考える。そこには心の通じ合いが大きく影響している。保存会の方々との体験活動や様々な年代へのフィールドワーク、インタビューでの仲間の困り感、お年寄りの涙など、今回の実践では、他者に寄り添うことで互いの心が通じ合う場面が数多く見られた。そこにICTによる「つなぎ」も効果的に働いた。これらの要素がすべて組み合わさり、６年竹組にしか創り出せない新しい知、令和型三河万歳へとつながったのだと考える。

（教諭　中務　岳）

Adviser's Eye　愛知教育大学教授　**加納誠司**

◆GIGAスクール構想にも対応　タブレットの活用

コロナショックは学校教育の在り方を一変させた。こと総合的な学習の時間においては、地域の人との触れ合いは大きな制限がかけられた。そこで何もしないのでは、これまで学校と地域が積み上げてきたものが後退してしまう。その課題に対して大きな効力を発揮するのが、今や教室に当然のように存在する学習環境、タブレットである。中務教諭は、学校とは離れた高齢者施設をつないだり、子どもたちが表現した伝統芸能を記録したりするのに、「地域と子どもをつなぐ」ツールとして積極的に活用していったのである。

◆学びの主役は子ども！　人と心を通い合わせることで子どもの心が動き物語が展開される

単元の導入で三河万歳保存会の人との出会いは、近くにあって遠い存在であった地域の伝統芸能に気付くきっかけをつくった。子どもたちは、大人たちの情熱に心を動かされ、地域の財産を未来に受け継ぐ担い手として立候補した。そのとき、令和型三河万歳の物語が始まったのである。

子どもたちの心を大きく動かした登場人物の一つが地域の老人ホームの高齢者である。社会はコロナ禍という壁に阻まれている。先にも述べたタブレットを活用した間接交流であったり、ガラス越しでの対面であったりもしたはずなのに、そこに映る高齢者の子どもたちに対する思いや期待に応えようと、物語の主人公はその壁を越えるため、学級みんなで知恵を出し合ってストーリーは展開されるのである。やがて「笑顔の輪」で始まった三河万歳は、それを令和につなぐキーワードとして「感動」という新たな要素を導き出した。

子どもの心の動きの振れ幅は、到底大人にはかなわない。教師はそのことを自覚して、子どもの思いやアイディアに寄り添って学びを展開すれば、探究の質が損なわれることはない。改めて、学びの主役は子ども！　地域の人は最適な相手役！　タブレットは有効な脇役であることが明らかとなった。

主体的・対話的で深い学びを実現させる子どもの育成

津野町学力向上対策室 10 年の歩み

10年前、高知県南国市内の小学校の公開授業に参加した。そこでは、子ども一人一人が黙々とノートに調べたことや考えたことを書いていた。タイマーの音が聞こえると、子どもたちは一斉に机を動かし、ペアで話し始めた。再びタイマーが鳴ると、今度は４、５名のグループを作り、また話し合いをする。その間、授業者の先生が指示を出したり、動きを遮ったりすることは一切なかった。これほどまでに教師がしゃべらない授業は見たことがない、衝撃的だった。

本町は、高知県の自然豊かな中山間地域に位置している。平成22年度よりそれまで６校だった小学校が統合され３校に、そして中学校２校を合わせ、現在５校を有している。当時は個々の教師の力量に任せた学級経営・授業づくりが主流で、子どもたちの学力定着に大きな課題が見られた。そこで、組織的な授業改善に取り組むべく、平成25年度より学力向上対策室を教育委員会に立ち上げ、今年度で10年目の節目を迎える。

問題解決的な学習（学習過程スタンダード）の徹底

授業を変えるには、教師の意識を変えなければならない。これまでの教師の説明が多く子どもが受け身になりがちな授業から、子ども同士で話し合う対話型、「思考・表現活動」型の授業への転換を図る必要がある。そこで、まずは校長会や研究主任会において、

・管理職による学校マネジメントで校務改革
・管理職の指導・助言による授業改善
・研究主任を中心に授業改善への校内研修の実施

等の提案を行った。また、日々の授業においては、

・子ども目線での授業づくり！
・主体は子ども！（主体的・協働的）
・複式授業の間接指導の要領で！
・ユニバーサルデザイン化！
・指導と評価の一体化！
・課題とまとめの整合性！
・教師がしゃべりすぎない！
・指示の厳選・指導としつけ！

等、具体を示すともに、**図1**のような問題解決的な学習（津野町スタンダード）の授業づくりの徹底を呼びかけた。子どもたちにもこの流れを示し共有した。

また、授業の中で使う大切な言葉は「学習言語わざ」（**図２**）として一覧にし、示した。学力向上対策室では、これらのスタンダード、言語わざを載せ

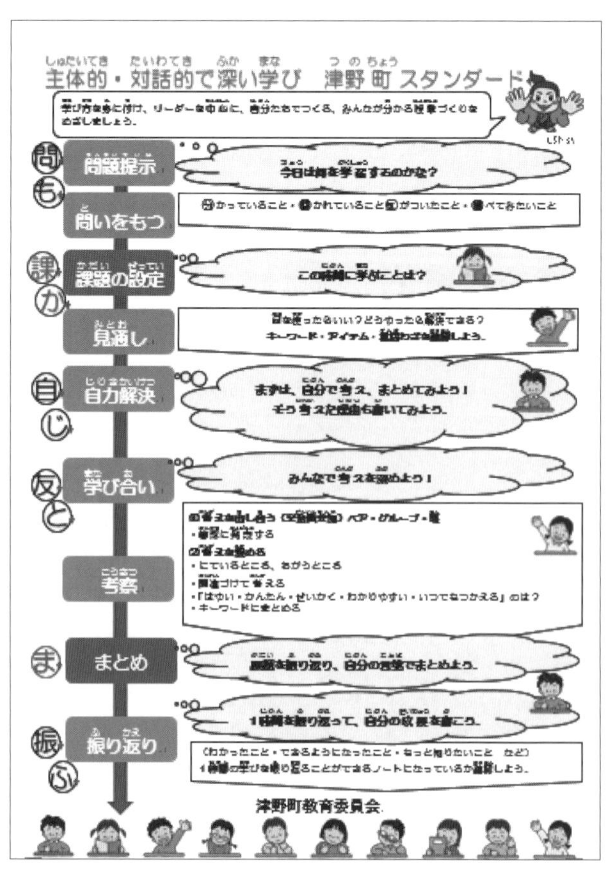

図1

高知県津野町教育委員会教育振興監
髙石智子

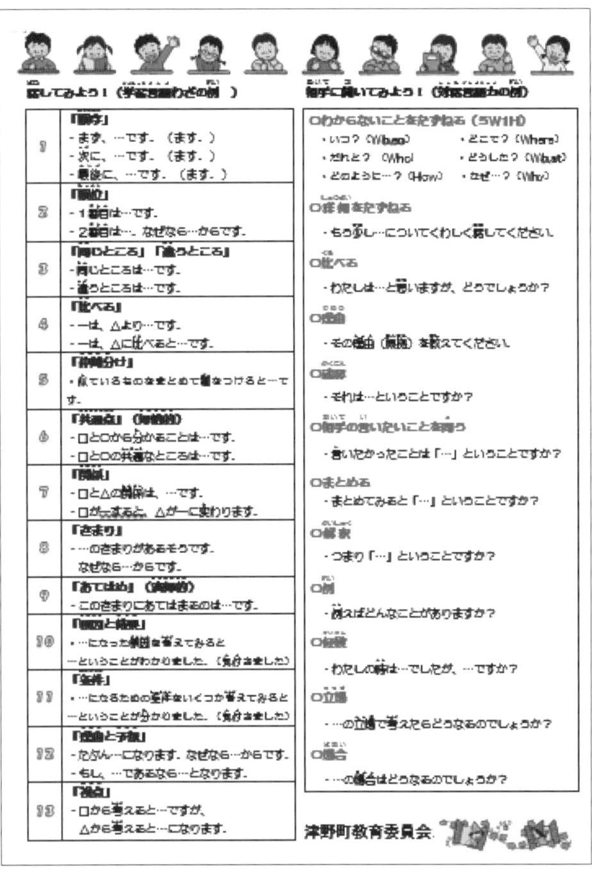

話してみよう！（学習言語わざの例）

1	「順序」 ・まず、…です。（ます。） ・次に、…です。（ます。） ・最後に、…です。（ます。）
2	「順位」 ・1番目は…です。 ・2番目は…。なぜなら…からです。
3	「同じところ」「違うところ」 ・同じところは…です。 ・違うところは…です。
4	「比べる」 ・一は、△より…です。 ・一は、△に比べると…です。
5	「仲間分け」 ・似ているものをまとめて名をつけると…です。
6	「共通点」（帰納的） ・□と○から分かることは…です。 ・□と○の共通なところは…です。
7	「関係」 ・□と△の関係は、…です。 ・□が…すると、△が…に変わります。
8	「きまり」 ・…のきまりがあるそうです。 なぜなら…からです。
9	「あてはめ」（演繹的） ・このきまりにあてはまるのは…です。
10	「原因と結果」 ・…になった原因を考えてみると …ということがわかりました。（気付きました）
11	「条件」 ・…になるための条件をいくつか考えてみると …ということが分かりました。（気付きました）
12	「理由と予想」 ・たぶん…になります。なぜなら…からです。 ・もし、…であるなら…となります。
13	「視点」 ・□から考えると…ですが、 △から考えると…になります。

相手に聞いてみよう！（対話言語わざの例）

□わからないことをたずねる（5W1H）
・いつ？（When）　・どこで？（Where）
・だれと？（Who）　・どうした？（What）
・どのように…？（How）　・なぜ…？（Why）

□詳細をたずねる
・もう少し…についてくわしく話してください。

□比べる
・わたしは…と思いますが、どうでしょうか？

□理由
・その理由（根拠）を教えてください。

□確認
・それは…ということですか？

□相手の言いたいことを言う
・言いたかったことは「…」ということですか？

□まとめる
・まとめてみると「…」ということですか？

□解釈
・つまり「…」ということですか？

□例
・例えばどんなことがありますか？

□経験
・わたしの時は…でしたが、…ですか？

□立場
・…の立場で考えたらどうなるのでしょうか？

□場合
・…の場合はどうなるのでしょうか？

津野町教育委員会

図2

たクリアファイルを作成し、全教職員及び児童生徒に配布して意識付けを図っている。

新任者・若年次教員合同研修会の開催

本町では、年度のスタートに全教職員を対象にした合同研修会を開催し、教育行政方針を示している。それと同時に新任及び若年教員を対象とした研修会を行い、「学習過程スタンダード」に基づく子ども主体の授業をイメージしてもらうための模擬授業を実施している。ここでは町で任用している元教員のアドバイザーが教師役、各学校に配置している学習支援員が学習リーダー（その教科の授業について準備や司会進行などを行う児童生徒）役、新任及び若年教員は児童生徒役として参加する。今年度の参加職員からは、「津野町のスタンダードの形や、学習リーダーの進め方を実際に見ることができてイメージがわきました」「具体的な目指す授業像を想像することができた」といった感想が寄せられた。

研究協議会の開催

年に1回それぞれの学校において研究協議会を開催し、職員には2回以上他校の研究協議会への参加を呼びかけた。他校での取組を知り、さらに西留先生からの指導・助言を聞くことで自校の取組に生かしてもらい、学校組織としてのベクトルを合わせ、そして町全体のベクトルを合わせていくことがねらいだ。また、異校種間で参観することは中1プロブレムの軽減にもつながる。ここ数年は、新型コロナウイルス感染拡大防止の観点から大々的な研究協議会の実施は控えてはきたものの、今年度は少しずつ他校の授業を見合うことができるまでになってきた。

学習リーダーの活用

子ども主体の授業づくりに欠かせないのが、学習リーダーの活用である。教師が黒子役になり、児童生徒が授業の進行役になると、教師にゆとりが生まれる。これまで黒板の前に張り付いていた教師は、進行や板書を学習リーダーに任せることで机間巡視の時間が増え、子ども一人一人の学びの状態を把握しやすくなる。さらに、話し合いが高まるような助言ができる等のメリットが生まれる。何より、自分たちで授業を進めていくことができた子どもたちの喜びは、自信へと変わっていく。

しかし、誰もがリーダーとして立派に授業を進め

子どもが創る授業Ⅲ

表　学習リーダーの育成指標

小学1・2年生	やってみる	①黒板に示されたグッズや時間配分を見ながら、授業の司会ができる。 ②全員がわかるように確認しながら話すことができる。
小学3〜5年生	積み上げる	①授業前に先生と授業のゴールの確認をし、それをもとに、時間配分を考えて授業の進行ができる。 ②全員が参加できるように声をかける。 ③班学びなどで、各班をまわってのアドバイスができる。 ④友学びで出された意見を整理し、考察で深めることができる。（はじめは、先生と一緒で可）
小学6〜中学3年生	専門性を伸ばす	①授業の先生との打ち合わせをもとに、学び方や時間配分を考えて、授業の進行ができる。 ②全員が分かるように、説明を付け加えさせたり、質問させたりできる。 ③班学びで、各班をまわって、アドバイスができる。 ④考察で、教科の見方・考え方をもとに深めることができる。

ることは一足飛びではできない。日々の授業の中でシラバスを示したり、授業前にグッズ（授業のめあてなどを示した掲示物等）を貼ったりすることで授業の流れが「見える化」し、見通しをもって学習リーダーが授業を進めることができるようになる。学年が上がるにつれ、立派な学習リーダーへと成長した姿を見せてくれる。

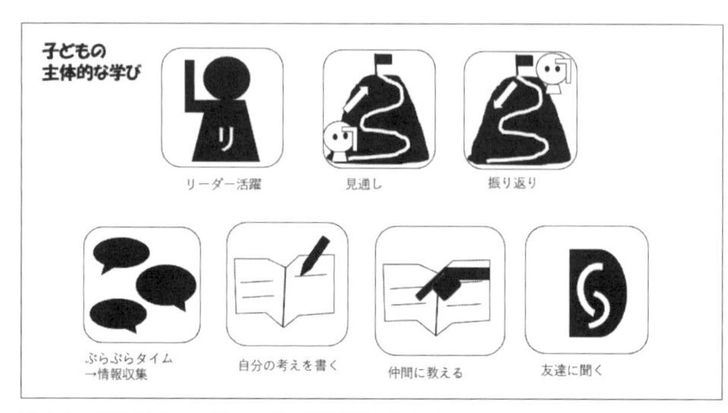

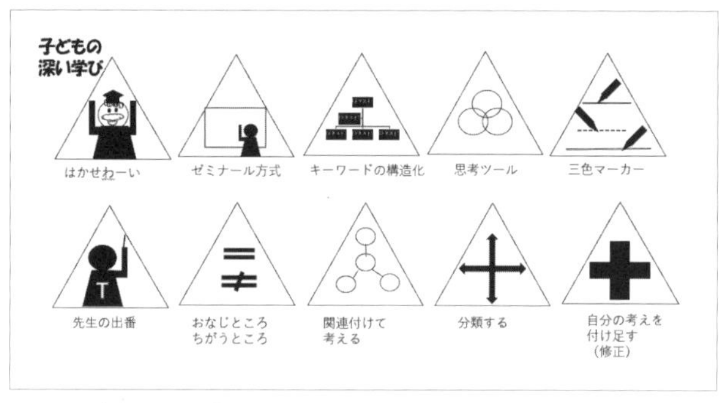

図３　津野町版ピクトグラム

ピクトグラムの活用

昨年の東京オリンピックで話題になったピクトグラム。授業設計を教師と子どもが共有するために作成し、今年度より各学校で活用している。黒板を見ると、「班で学習するんだな」「ホワイトボードと三色マーカーで深めるんだな」と授業の流れがよく見え、子どもたちは板書を見て動く。また、授業者自身も子どもたちに示すことによってより授業を構想するようになり、授業改善へとつなぐことができる。

使い方としては、これまで提示していたグッズとともに（あるいは代わりに）貼る。□主体的な学びのための手立て、○対話的な学びのための手立て、△深い学びのための手立て、の中からその日の授業で使用するものを提示する。授業後の協議の視点にもなる。

各学校の１学期の使用状況を見てみると、特に小学校１年生にとって、文字ではなくピクトグラムでの提示が授業の流れのイメージがつかみやすいようである。

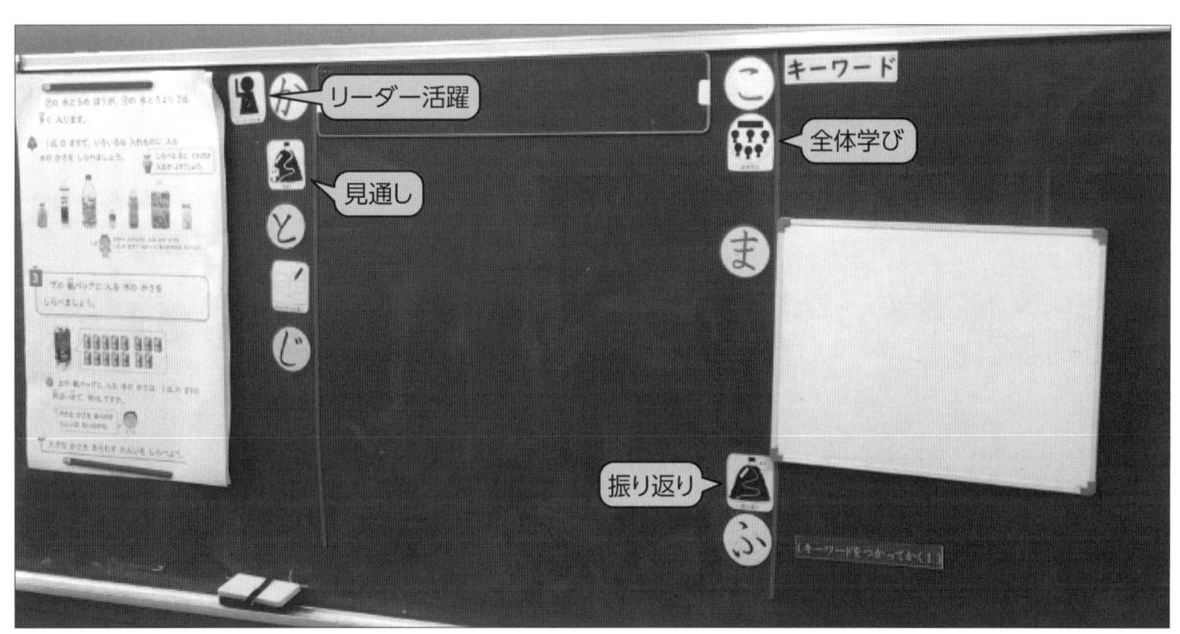

ピクトグラムで授業中の活動が子どもたちにも“見える化”

今後の展望

この10年間、様々な先進校へ足を運び、先進事例を学ばせていただいた。そのおかげで授業改善が進み、本町の教育は大きく変わった。しかし、１人１台タブレットの導入など、さらに学習の進化のスピードは衰える様子は見えない。多様な社会情勢の中を生きていく子どもたちが、「学びたい」と思える授業の確立、そして継続が図られるよう、これからも学力向上対策室は各学校を支援していきたいと思う。

子どもが創る授業Ⅲ

寸評Good&More

ピクトグラムで授業の見える化

高知県７市町村教育委員会授業改善アドバイザー
西留安雄

主体的な学びとは何か、対話的な学びとは何か、深い学びとは何かを考えると子どもの活動の姿が浮かぶ。その学び方を集約し、自校でそこに焦点をあて全教員が共通認識し指導を行うと、子どもたち全員が活躍する授業となる。その方法として、「ピクトグラム」がある。研究協議会や子どもミニ授業反省会でも話し合う視点となり、授業改善は進むだろう。下記は、独立行政法人教職員支援機構から示されたピクトグラムだ。自校での作成に参考にされるとよい。

●独立行政法人教職員支援機構の説明「主体的・対話的で深い学び」の姿（ピクトグラム）
○新学習指導要領に示された指導事項を確実に育成するため、主体的・対話的で深い学びの実現に向けた授業改善について理解し、今後の学習指導の充実を図ることを目的として作成した。
○ピクトグラムは、独立行政法人教職員支援機構主催の次世代型教育推進セミナーで示されたもので、主体的・対話的で深い学びにより実現したい子どもの姿をイメージとして表したものである。ただし、全ての姿を表現したものではない。

独立教育法人教職員支援機構作成ピクトグラム

主体的な学び	対話的な学び	深い学び
興味や関心を高める	互いの考えを比較する	思考して問い続ける
見通しを持つ	多様な情報を収集する	知識・技能を習得する
自分と結び付ける	思考を表現に置き換える	知識・技能を活用する
粘り強く取り組む	多様な手段で説明する	自分の思いや考えと結び付ける
振り返って次へつなげる	先哲の考え方を手掛かりとする	知識や技能を概念化する
	共に考えを創り上げる	自分の考えを形成する
	協働して課題解決する	新たなものを創り上げる

授業備品（No.172）

「西留安雄の教育実践」（ブログ）より

「授業備品」（No.172）「子供が主体的・対話的で深い学びの具体策」ピクトグラムの作成の視点

主体的・対話的で深い学びを、感覚ではなくイラスト化し具体的に進める。取り組む内容は、毎年変える。下記の内容をピクトグラムの作成に参考にされるとよい。より具体的な内容から作成するのがコツだ。

子ども同士の　主体的な学び	子ども同士の　対話的な学び	子ども同士の　深い学び
・教科リーダーの進行 ・教師が出る場面と教科委員ができることを分ける **・ペアでの気付き** ・既習事項と関連させながら、個人思考をする ・仲間に聞く ・仲間に教える **・ぶらぶらタイム** ・ぶつぶつタイム ・本時の流れの共有 ・課題の３回読み ・学習の流れをイメージできる黒板 **・キーワードと孫カード** ・見通しの（学習方法・学習内容） ・短冊 ・理由を書いてから式・答えを書く ・本時でつけるべき力 **・ホワイトボードの全員書き** ・大ホワイトボード、マナボード、短冊、ICT ・友達の多様な意見や考えを聞いて修正する	・本時の目当てに沿ったペア・班・全体・相互の話し合いの一連の流れ **・自力解決をする前に、常にペアで解決のためのヒントを出し合う** ・見通しをペアで相談 ・グーパー確認 **・班活動（ノートを見せながら伝えながらの情報交換タイム）** ・班での話し合いの仕方と手順 ・友達と自分の意見の比較・違いを発見する **・班で付箋紙のカテゴリー分け** **・班で付箋紙のグループでの構造化** **・ホワイトボードに全員が意見を書き、対話をする中で班としてのキーワード（意見）を見つける** ・ホワイトボードを班でまとめる ・ワールドカフェ ・問題解決 ・全体学び ・友達の意見に反応・同調して課題を言う（だって、でも等、友達の意見に対して意見を言う） ・教師が数分いなくなる（黒板の前から離れる）	**・つぶやき中心の深い学び** ・同じところ、にているところ、違うところを見つける **・ゼミ方式での考察** ・各グループで読みとった意図を新たな短冊にして、**黒板でカテゴリー分けと構造化** **・課題解決** **・３色マーカーを使った考察** **・ホワイトボードを班でまとめる** グループ代表が話を繋ぐ ・「つまり」を使った考察 **・まとめを自分の言葉で書く。**キーワードと関連付ける ・思考ツールを使ったまとめ ・振り返りの、わかったこと、新たにやってみたいこと、気が付いたことの３視点 ・セルフ授業 ・ミニ授業反省会 ・つけるべき力の掲示 ・教師の出る場面をはっきりさせる（見通し・考察） ・教材開発・教科の本質の追究

＊「授業備品」については、「西留安雄の授業実践」のHPを参照

自分を見つめ、これからを共に考える校長室

群馬県渋川市立古巻中学校長
髙橋　充

古巻中学校のある渋川市は、日本列島のほぼ中央に位置し、へそ地蔵・へそ石等があり、へそ祭りを開催するなど、「日本のまんなか・へそのまち」と言われています。本学区は、市の南部に位置し、古くは三国街道の宿場があり、現在では、上越線の八木原駅、関越自動車道が縦断するなど、古今を通じて交通の要所になっているところです。交通網の発達により、工場が誘致されたり、ショッピングエリアが形成されたりして、人口が増加しています。

本校に校長として赴任して、3年になります。コロナ禍の中で、子どもたちにどのように「生きる力」を育むか、どのような教育活動が展開できるのか、そのことを日々考え、実践してきた3年間でした。赴任当初より、「安全・安心・健康で、生徒や保護者の気持ちに寄り添い、願いを叶える学校」を目指してきました。そして、先生方には、「教育することへの誇りと責任をもち、教えること、子どもを育てることのプロになりましょう。」と呼びかけてきました。

本校の学校教育目標には、4つの目指す生徒像（**写真1**）があります。生徒には、儀式や朝礼等でそれらの意味や意義について話してきました。特に、コロナ禍においては、「健康・安全に心がける生徒」を自ら実行できるように指導してきました。

明るく素直な生徒が多いのですが、教室に行くことが困難な生徒も少なくありません。学校では、教室復帰を目指し、心を整理するための教室を学年ごとに準備しています。そこでは、前面の黒板に各学級の授業予定をわかるようにし、個別の学習を職員とともに行っています。自分は、日々立ち寄り声をかけたり、たわいもない話をしたりしながら、個々の生徒との関係づくりをしています。生徒本人の意思が整えば、自身のことやこれからのことについて、対話するようにしています。その際、手立てとなるのは、校長室にある大型モニター（**写真2**）です。パソコンと接続し、学校のWebページを見たり、職業や適性などの進路情報を見たりしています。同じ画面を共有しながら、自己を見つめさせたり、やる気をもたせたり、これからのことを主体的に考えさせたりしています。

このようなことができるのも、職員との信頼関係があってのことです。常日頃から、生徒や学級・部活動のことで悩みがあると、「ちょっとお時間ありますか。」と校長室に訪れます。その時は、先生方に意欲をもたせ、楽しく仕事ができるような言葉がけを大切にしています。三者面談の時期になると、

写真1　学校教育目標「目指す生徒像」

写真2　大型モニター

写真3　職員からの相談（職員との話合い）

写真4　校長室内の掲示

保護者が希望したり、担任が意図的に仕向けたりして、生徒と保護者、職員が校長室に立ち寄る機会が増えてきます（**写真3**）。

校長の大切な役割に職員の育成があります。本校の学校教育目標には、３つの目指す教師像があります。これらの目指す教師像を育成する舞台となるのが校長室です。校長室では、ミドルリーダーで構成する研修推進委員会が開催され、教育活動の先導役としての役割を担っています。学力向上、道徳、キャリア教育の推進などを協議し、授業提案等を行います。また、本校では、自己研修課題である個人テーマを設定し、一人一研究授業を実践しています。人事面談と絡めながら、授業を振り返り、指導力の育成に努めています。校長室は、このように「授業を大切にし、自らを高める教師」を育成する場になっています。

目指す教師像
授業を大切にし、自らを高める教師
使命感と責任感を持った教師
健康で人間性豊かな教師

また、各種委員会（教員組織）は、学校経営方針を直接伝える場であり、担当となる教職員（主任）の職能成長の上には欠くことのできないものです。校長室での各主任とのやりとりは、OJTの方法を取り入れ、コーチング理論に基づいて、よりよい方向へ向かうようにプラス思考で話し合います。各主任は、話合いを通して、自覚と責任を深め、学校運営への参画意識を高めていきます。校長室は、このように「使命感と責任感を持った教師」を育成する場になっています。

校長への相談は、研修の機会としてとらえ、職員との会話を大切にしています。カウンセリングマインドを大切にし、子どもの見方、教育相談の考え・技能等について語り、資質向上に努めています。自分自身も人間力向上のために公認心理師の資格をとり、先生方のメンタルを支え、学校の中に心の居場所をつくり、温かな雰囲気が醸成するように努めています。校長室での対話は、「健康で人間性豊かな教師」を育成する一助となっています。

何の変哲もない校長室ですが、生徒の活躍の様子がわかる学校通信や学年通信、新聞記事を多く掲示しています（**写真4**）。生徒や保護者、先生方は、このような校長室で一時を過ごすことにより、学校への誇りと生きることの喜びを少しでももてればと思います。

本年度の第一の成果は、３年生が広島・京都方面に修学旅行に行くことができたことです。中庭には、「被爆アオギリ二世」が植樹され、平和への礎を築くことができました（**写真5**）。まだまだ課題は山積していますが、校長として、これからも必要となる知識や技能、調整力を身に付けていきたいと思います。

写真5　広島平和公園被爆樹木「アオギリ二世」

聞いて！
我ら「ゆとり世代」の主張
[第2回]

子どもたちと歩む道

岩手県奥州市立佐倉河小学校教諭
葛西もえ

「楽しい！」のその先

私が小学生のころ、毎週土曜日が休業日となり、総合的な学習の時間が始まりました。

初めて経験した総合の学習の印象は「自由な学習」。これまで、テストでよい点を取ろうと励んでいた自分にとって、誰かと競って順位をつける内容でないことがとても新鮮で、学ぶことの楽しさを感じられる時間となっていました。手話や点字を調べたり、高齢者施設へ行って職員の方の話を聞いたりした記憶があります。郷土をテーマにして学習した際には、自分の興味のあった「岩手県の方言」について調べ、発表したこともありました。

誰かに決められたり、比べられたりすることなく、自分が興味のあることからテーマを設定して調べたり体験したりすることは、とても楽しく、充実した時間でした。当時は学ぶ側として「とにかく楽しい」としか感じていませんでしたが、今思えば「楽しい」という喜びが原動力となり、「次はこうしよう」「もっとこうしたい」と自ら学びを発展させていたのだと思います。

私が「学びを発展させた」と言える背景には、そのように感じられる授業の展開があったからだと言えます。調べ方やまとめ方など、時に、教師は学びの手順を細かに設定してしまいがちになりますが、当時の私の担任はそこをグッと堪え、私たちに学び方を委ねてくれました。自分も教師となり、子どもを信じて任せることは、とても難しく、不安を感じることがありますが、当時の担任の先生は、あくまでアドバイザーとしての立場で、私たちが安心して羽を広げて学べるようにしてくれていたのだと気付きました。ネガティブなイメージが多いのかもしれませんが「ゆとり教育」は、「友達よりもよい点数を……」や「きちんとしなきゃいけない」と自分を追いつめることなく、「自分らしくいていいよ」と思える心のゆとりを育て、存分に学びを発展させていく面白さや満足感を味わわせてくれたように受け止めています。

道徳で学級づくり

現任校の全校研究は「特別の教科　道徳」に取り組んでいます。昨年度、初めて道徳の授業を行いました。授業の展開を考えるのも、またその展開を実際に行うのも難しく、毎週頭をかかえていました。考えれば考えるほどわからなくなる道徳ですが、先輩の先生方にたくさん指導助言を頂き、まず、自由に話し合う雰囲気をつくり、子どもたちの発言を大事にしようと思いました。すると、授業中の子どもたちの様子がよく見えるようになり、だんだん授業が流れるようになっていきました。正解のない道徳の授業だからこそ、子どもたちは自由に考えを出し合うことができ、お互いの考えを認め合っていたのです。登場人物と自分を重ねながら、自分の弱みも含め、たくさんの考えを伝え合う学びを積み重ねていきました。すると、道徳の時間だけでなく、他の授業でも「ここどうするの？」「～が分かりません」などと、友達同士で尋ね合い、協働的に学び合うようになりました。このような変容の姿から、子どもたちにとって、学級全体が安心できる場になり、素直に自分を出せるようになったのだと思います。

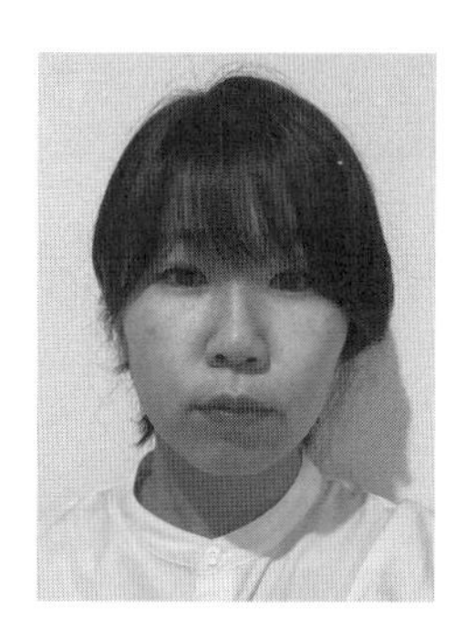

●Profile
かさい・もえ　1990年生まれ。子どもが好きで、共に歩む立場でいたいと考え、教師を志しました。６年間、特別支援学校で講師として経験を積んだ後、小学校での勤務を希望。現在、奥州市立佐倉河小学校に新採用として着任して、２年目。一人一人を大切に、その子らしさを大切に、「学校っていいなぁ～」と思えるような学級づくりに取り組んでいます。
●モットー
いつでも楽しく、前向きに！

安心できる雰囲気の中で過ごしていると、どの子もその子らしさをよりよく発揮しながら、学びが深まっていることを実感しました。その子らしさ全開で育っている学級の児童と、これからも道徳の時間を楽しみ、その子らしさを大切にしながら、心を育てていきたいと思います。

個が生かされる集団づくり

私が教師になって感じていることは、「その子らしい育ち」を支えることの大切さです。「その子らしい育ち」＝「自由奔放にさせる」ということではありません。学校や学級は子どもたちの社会であり、しなければならないことや守らなければいけないルールがたくさんあります。その中で、互いに繋がり合いながら子どもを一個人として尊重するとはどういうことかについて、教師は心を砕いて考えることが大切だと思っています。

こんな出来事がありました。新聞を書く活動中、どうしても立ち上がってしまう子どもがいました。

その子に聞いてみると「立って書く方がたくさん書ける！」と答えました。学級全体に聞いてみると「自分もそうだ」という子が数名いました。私は対応の仕方に悩みましたが、ふと、特別支援学校の授業風景を思い出しました。一人一人が自分にとってベストな環境で、課題に一生懸命取り組んでいる「みんなちがって、みんないい」の学びの風景です。

この時間で大事にしたいことは、集中して取り組むこと。私は、立った方が集中できると言った子どもたちに窓側の棚の上での学習を提案しました。すると、チャイムが鳴るまで一生懸命取り組み、新聞を書き上げることができました。周りの子どもたちは、集中して取り組めるようになった子どもたちのがんばりを認め「集中していたね」「すごく進んだね！」と声をかけ、楽しそうに新聞を見せ合っていました。

この経験から私が学んだことは、「立って学びたい子にはそうさせる」ということではなく、活動のねらいを明確にもち、その子に合った学びの環境をつくり、よりよい学びを保証することの大切さです。

それを体感したその日から、私は常に「みんなちがって、みんないい」が実現できているかを意識するようになりました。

子どもたちには「人と違うことや間違ってしまうことがダメなこと、みんなと同じようにできないことは悪いこと」などと思ってほしくありません。今年度、徐々に「○○さんは～が苦手だからこうしてみたら？」など、相手を大切に思い、どうしたらできるかを一緒に考えている場面を目にするようになりました。それを特別扱いや不平等ととらえる人もおらず、みんなそれがあたりまえというように活動しています。互いに尊重しながら協働的に活動し、共同体となっていくことはとても素敵なことだと思います。目の前にいるこの子たちが、大人になってつくる社会が「みんなちがって、みんないい」と自然に受け止め合いながら、共に歩む社会になるよう、子どもたちの世界を広げていきたいです。

友達と学び合う算数の時間

●教育のDXを加速する著作権制度～授業目的公衆送信補償金制度について～

▶　本誌特集（pp.7 ～ 49）では、「GIGAの日常化で変わる授業づくりの今とこれから」というテーマのもと、日常的に活用できるICT環境が実現した先にあるニューノーマルの授業の姿を探っています。ICT活用の日常化にあたり理解を深めておきたい課題の一つが「著作権」です。令和２（2020）年４月、ICT教育を推進するため、著作物利用の円滑化と著作権者の利益保護のバランスを図った「授業目的公衆送信補償金制度」（改正著作権法第35条）が施行されました。本欄では、この制度に関する最新資料「教育のDXを加速する著作権制度～授業目的公衆送信補償金制度について～」（令和４（2022）年６月／文化庁著作権課）をご紹介します。制度概要のほか、「著作権とは」「学校教育における著作物利用の考え方」などが端的にまとめられていますので、日々の学校運営や校内研修の資料としてご活用ください。

DX：デジタルトランスフォーメーション（Digital Transformation）の略。DXとは、「将来の成長、競争力強化のために、新たなデジタル技術を活用して新たなビジネスモデルを創出･柔軟に改変すること」（中央教育審議会「『令和の日本型学校教育』の構築を目指して～全ての子供たちの可能性を引き出す、個別最適な学びと、協働的な学びの実現～（答申）」令和3年1月26日、p.5)。

教育のDXを加速する著作権制度～授業目的公衆送信補償金制度について～

2022年６月
文化庁著作権課

授業目的公衆送信補償金制度とは

著作権法によって定められた、
ICTを活用した教育を推進するために
著作物の利用円滑化と著作権者の利益保護とのバランス
をとった制度。

著作物の利用円滑化　　著作権者の利益保護

1

そもそも「著作権」とは（著作権法の目的）

●著作権法の目的（著作権法第1条）
この法律は、著作物並びに実演、レコード、放送及び有線放送に関し著作者の権利及びこれに隣接する権利を定め、これらの文化的所産の**公正な利用**に留意しつつ、著作者等の**権利の保護**を図り、もつて**文化の発展に寄与**することを目的とする。

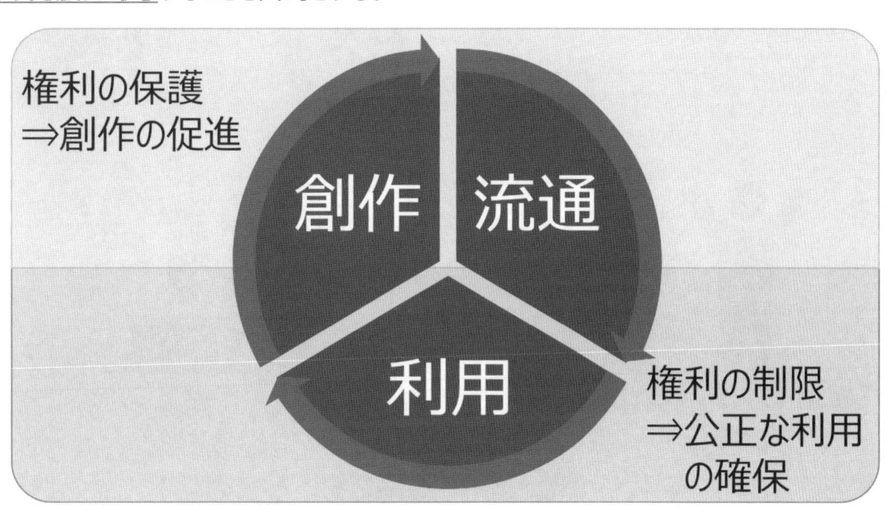

2

「著作権を持っている」とは

著作権を持っている（権利者である）とは、
●**誰に、いくらで、どういう条件で利用させるかを決める**ことができる
●**他人が無許可で著作物を利用（コピー／上映／ネット配信…など）することを禁止**できる

➡ **他人の著作物をコピーしたり、ネット配信したりするなどの利用をするには、原則、著作物毎に許可（許諾）を得ることが必要**

3

では何故、学校で許諾を得ずにコピーを配ることができるのか

一定の条件を満たすと、著作権を持っている人（権利者）の権利が制限される＝**権利者が「ダメ」と言えない場合**がある。

一定の条件で権利が使えなくなる

著作物を利用したい人（利用者）

著作権を持っている人（権利者）
例：作家や作曲家などのクリエーターなど

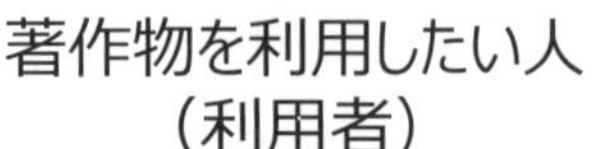

➡ **著作権法第35条（学校その他の教育機関における複製等）**などにより、**一定の条件を満たせば、無許諾でコピーを配るなどの利用ができる**

4

どういう場合に著作権法第35条の条件は満たされるのか

著作権法第35条が適用されるには以下のような条件を満たすことが必要。

① 対象施設（どこで？）
学校その他の教育機関（営利を目的としないもの）　※ 塾・予備校（認可なし）は×
つまり、幼稚園や保育所、小中高校、大学、専門学校、公民館、図書館、美術館などは○

② 対象主体（誰が？）
教育を担任する者（教員等）　＋　授業を受ける者（児童・生徒・学生等）
※ 教員等の指示の下、事務職員等の補助者が行うことも可
※ 教育委員会等の組織が主体となるのは×

③ 利用の目的・限度（どういう目的？）
「授業の過程」における利用に必要と認められる限度
※ 教育課程外の教育活動（例：部活動）も含まれるが、職員会議などは×
※ その授業と関係のない他の教員・教育機関と共有するのは×
※ その授業で取り扱う範囲を超えてコピー・送信するのは×

④ 対象行為（どんな使い方？）
複製、公衆送信、公衆送信を受信して公に伝達

授業目的公衆送信補償金制度の開始でここが変わった

⑤ 権利者利益への影響
その著作物の種類や用途、複製の部数などから判断して、著作権者の利益を不当に害しないこと
※ 教科書の履修期間におけるコピー・送信は○
※ ドリル・ワークブックなど、児童生徒等の購入を想定した著作物のコピー・送信は×

5

授業目的公衆送信補償金制度での変化（開始前）

この制度が開始される前は、利用者は「**複製**」と「**一部の公衆送信**」のみ**無許諾・無償**で行えた。

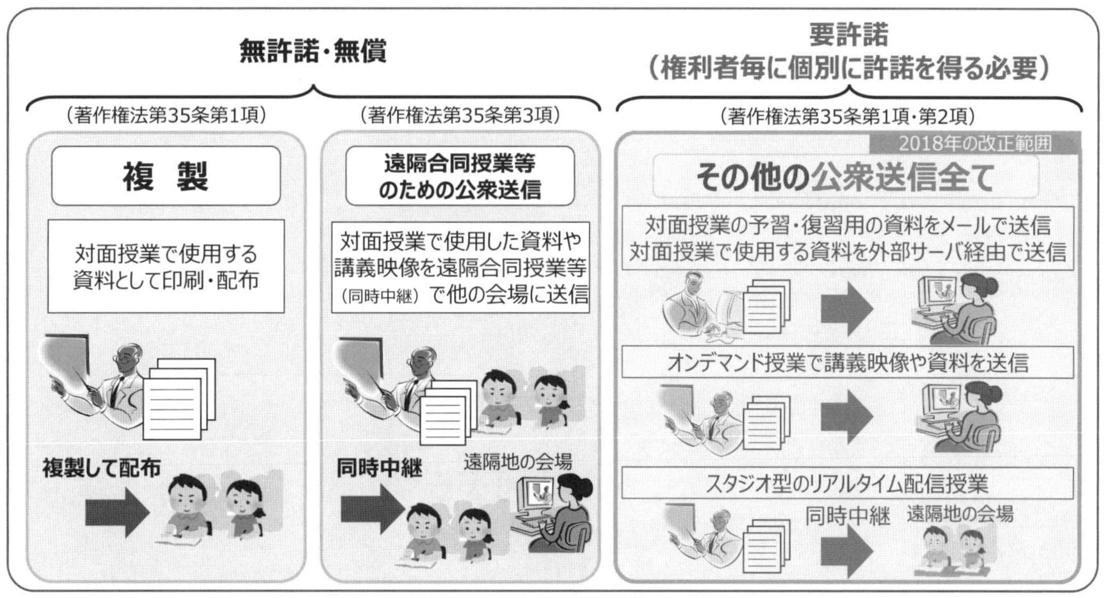

※ただし、ドリルやワークブックといった児童生徒等の購入を想定した著作物を、購入させずに複製や公衆送信を行うことなど、著作権者の利益を不当に害するような場合については、別途許諾が必要です。

6

授業目的公衆送信補償金制度での変化（開始後）

この制度が開始されることで、利用者は「**その他の公衆送信全て**」を**無許諾・有償**で行えるように。

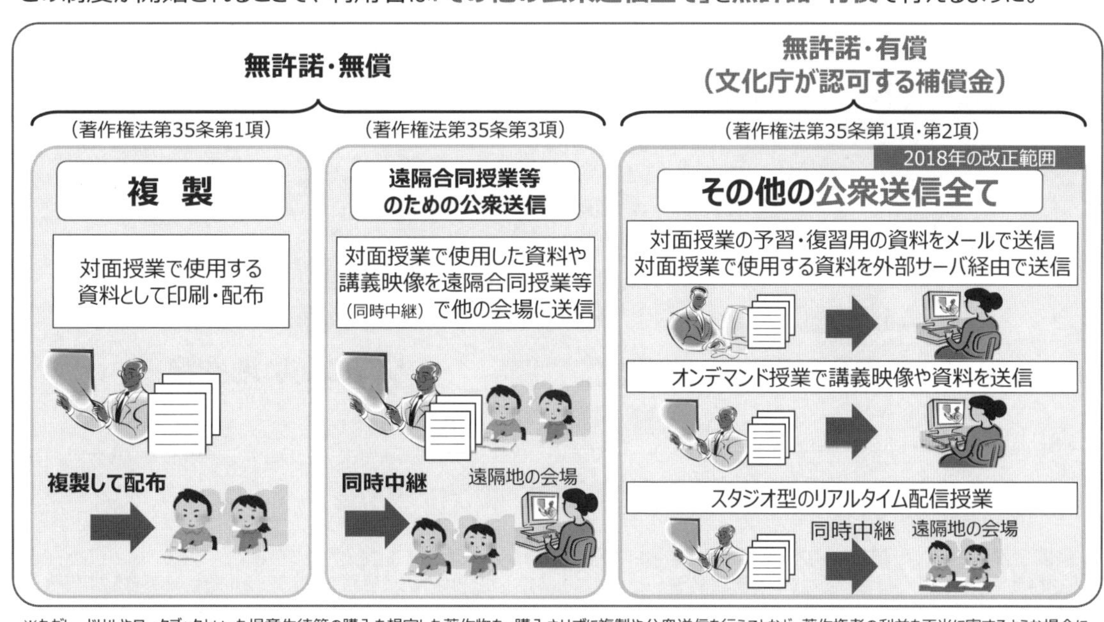

※ただし、ドリルやワークブックといった児童生徒等の購入を想定した著作物を、購入させずに複製や公衆送信を行うことなど、著作権者の利益を不当に害するような場合については、別途許諾が必要です。

7

対面授業と遠隔授業との相違点

- 著作権は法律で認められた私権であり、著作物の複製や公衆送信といった利用行為ごとに権利が及ぶというのが国際的なルール。外国の著作物利用への対価還元も必要。

	日本	ヨーロッパ（ドイツ、フランスなど）
複製（対面授業）	紙の複製・配布：**無許諾＋無償** ※現行法制定時（昭和45年）の印刷技術が前提（広がる範囲が限定的）。 ⇒**本来有償**のところ、法改正時は、教育現場の混乱を避けるため、無償を継続。	**有償**
公衆送信（遠隔授業）	許諾権に基づく対価（権利者毎の使用料） ↓ **無許諾＋文化庁が認可する適正な額の補償金** ※ネット送信はその広がりに制約がなく、複製より権利者への不利益が大きい。	**有償**

8

制度の意義①
著作物等の教育利用におけるクリエイション・エコシステム

- 非営利の教育活動であっても、コンテンツのコピーや送信をされると書籍や論文などの売上げにも影響。
- 作家や作曲家などの**クリエーターは、創作時に汗をかき、創作物の対価により次の創作**を行う。適切な対価還元により**創作が活性化され、質の高いコンテンツが生み出される。**
- これを教育現場で教材等に活用することで、**教育の質の向上が図られるという好循環**につながる。

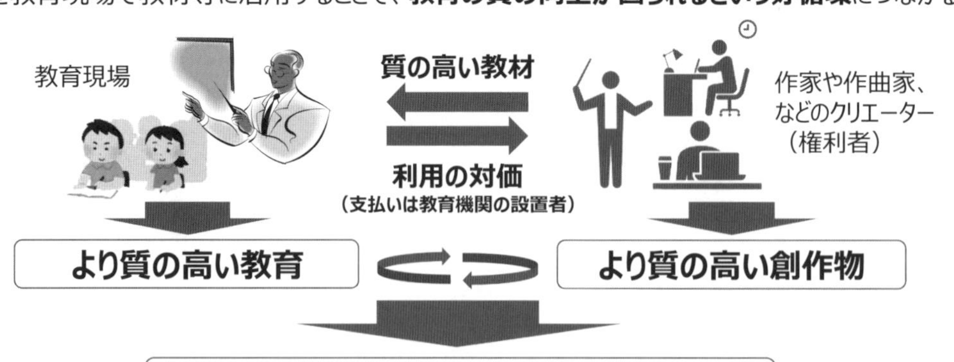

※ 補償金額については、**法改正の際の附帯決議において「妥当な水準」に設定することとされている。**
※ 文化庁が定める認可基準においては、営利事業等とは異なる特性への配慮や、教育機関の種別等に応じた著作物利用の現状とニーズの見通しなどに照らし、額の水準を判断することとしている。

9

制度の意義②
教育向けのコンテンツのサブスクリプションサービス

- **あらゆる種類の著作物**利用について**ワンストップ**の指定管理団体を通じ権利の**一括処理**が可能に。
- 無断利用を止められる「許諾権」を制限することにより、遠隔教育等での著作物等の利用を促進し、**教育などの未来への投資**に生かす。
- 一方、作家や作曲家など**クリエーターへの対価還元により次なる創作**を促す。

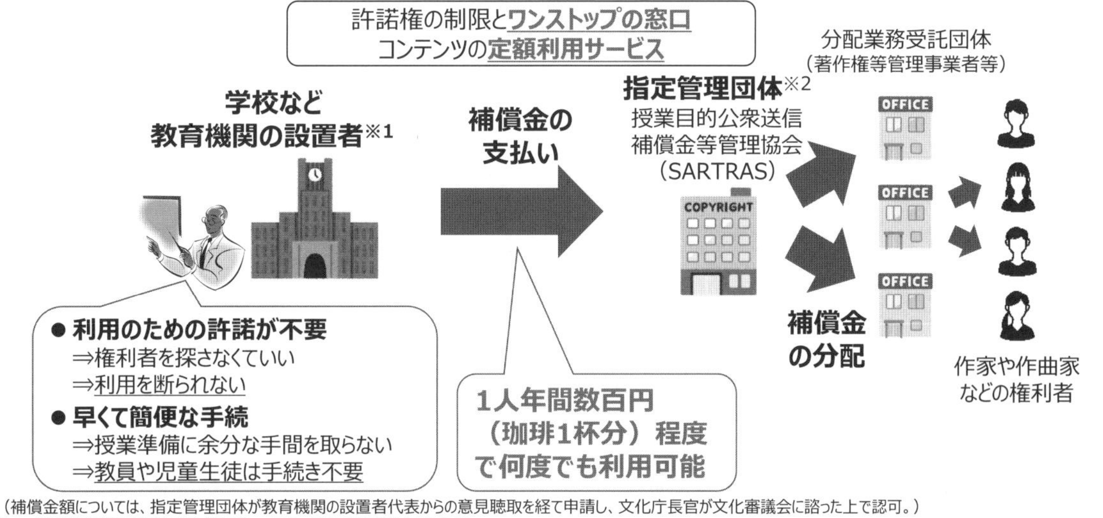

（補償金額については、指定管理団体が教育機関の設置者代表からの意見聴取を経て申請し、文化庁長官が文化審議会に諮った上で認可。）
※1：著作権法第35条第1項・第2項。 ※2：著作権法第104条の12。

10

制度創設の経緯

- 2006年に授業のための公衆送信を権利制限の対象にすることを文化審議会において検討。
  しかし、教育関係団体としての意見集約がなされなかったことなどから結論に至らず。

↓

- 2014年度から文化審議会で改めて議論。権利者と教育機関との利害調整は困難を極めたが、
  約4年間かけてようやく両当事者※が合意。（2017年4月文化審議会著作権分科会報告書）

↓

- 2018年の通常国会において本制度の創設を盛り込んだ法案が賛成多数で可決・公布。

↓

- 2018年度より、新制度のガイドライン等を当事者間で策定するための「著作物の教育利用に関する関係者フォーラム」を開催。本フォーラムには、権利者団体と国公私立の学校種毎の教育機関の設置者等が参加。
  ここでは有償の補償金を前提として、新制度によりどのような利用が可能となるかなどを整理。

↓

- 新型コロナウイルス感染症の流行という事態の緊急性・重要性に鑑み、2020年度に限って特例的に補償金額を無償に。クリエーターにとって特例的な配慮。

↓

- 2021年度からの本格実施に向け、2020年8～9月に指定管理団体により教育機関の設置者団体に意見聴取を行い、その結果も踏まえ2020年9月末に文化庁に対して補償金額の認可申請。
  文化審議会における議論を経て、2020年12月18日に補償金額を文化庁長官が認可。

↓

改正法の施行期限である**2021年度以降は有償で本制度を開始**

※：教育の情報化の推進に関する当事者間協議において議論。教育関係者からは、国立大学協会、公立大学協会、日本私立大学団体連合会、全国都道府県教育委員会連合会、全国市町村教育委員会連合会、権利者団体からは学術著作権協会、日本書籍出版協会、日本写真著作権協会、日本文藝家協会、日本新聞協会が参加。また平成28年度文化審議会著作権分科会法制・基本問題小委員会（第４回）には、初等中等教育関係団体（全国都道府県教育委員会連合会、全国市町村教育委員会連合会、全国連合小学校長会、全日本中学校長会、全国高等学校長会、日本私立小学校連合会、日本私立中学高等学校連合会、全国国立大学附属学校連盟）、国立大学協会、公立大学協会、日本私立大学団体連合会、全国専修学校各種学校総連合会が意見書を提出の上、合意。

11

指定管理団体（SARTRAS）について

- 授業目的公衆送信補償金は、文化庁長官が指定する指定管理団体（全国を通じて1個に限る）のみが権利行使できる（第104条の11）。
- 2019年2月15日に「一般社団法人授業目的公衆送信補償金等管理協会」が指定管理団体として指定された。

協会の概要

名称：一般社団法人授業目的公衆送信補償金等管理協会

英名 ：Society for the Administration of Remuneration for Public Transmission for School Lessons
略称 ：**SARTRAS（サートラス）**
設立 ：2019年1月22日設立
代表理事：土肥一史
（弁護士、吉備国際大学大学院知的財産学研究科特任教授）

〔目的〕
本会は、著作者、実演家、レコード製作者、放送事業者及び有線放送事業者の権利を有する者（以下「権利者」という。）のために、授業目的公衆送信補償金（以下「補償金」という。）を受ける権利又は複製権等の許諾権を行使し権利者に分配することによって、教育分野の著作物等の利用の円滑化を図るとともに、あわせて著作権及び著作隣接権の保護に関する事業等を実施し、もって文化の普及発展に寄与することを目的とする。

〔実施する事業〕
（1）著作権法（以下「法」という。）第104条の１３第1項に基づき文化庁長官に認可を求める補償金の額の決定、徴収及び分配その他補償金を受ける権利の行使に関すること
（2）著作権又は著作隣接権の管理業務に関すること
（3）著作権制度の普及啓発及び調査研究
（4）著作物の創作の振興及び普及
（5）著作権及び著作隣接権の保護に関する国際協力
（6）教育における著作物等の利用に関する調査研究
（7）前各号に掲げるもののほか、本会の目的を達成するために必要な事業

社員一覧（2022年４月末時点）

社員	構成員団体
新聞教育著作権協議会	一般社団法人新聞著作権管理協会
言語等教育著作権協議会	一般社団法人学術著作権協会 公益社団法人日本文藝家協会 協同組合日本脚本家連盟 協同組合日本シナリオ作家協会
視覚芸術等教育著作権協議会	一般社団法人日本写真著作権協会 一般社団法人日本美術著作者連合 公益社団法人日本漫画家協会
出版教育著作権協議会	一般社団法人日本雑誌協会 一般社団法人日本書籍出版協会 一般社団法人自然科学書協会 一般社団法人日本医書出版協会 一般社団法人出版梓会 一般社団法人日本楽譜出版協会 一般社団法人日本電子書籍出版社協会 日本児童図書出版協会 公益社団法人日本専門新聞協会
音楽等教育著作権協議会	一般社団法人日本音楽著作権協会 公益社団法人日本芸能実演家団体協議会 一般社団法人日本レコード協会
映像等教育著作権協議会	日本放送協会 一般社団法人日本民間放送連盟 一般社団法人日本ケーブルテレビ連盟

12

著作物の教育利用に関する関係者フォーラムについて

- 「著作物の教育利用に関する関係者フォーラム」として、権利者団体と教育関係者が共同してフォーラムを設置し、文化庁・文部科学省、有識者等より助言を得つつ、改正法に基づく制度の構築をはじめとする環境整備に取り組んでいる。
- 2018年度より、①補償金の支払等 ②教育現場における普及啓発 ③著作権法の解釈に関するガイドライン ④補償金制度を補完するライセンス環境について検討がなされている。
- ③について、**「改正著作権法第35条運用指針（令和3（2021）年度版）」を2020年12月に公表。**

総合フォーラム

専門フォーラムからの検討結果を議論

2018年11月開始

専門フォーラム

① 教育利用の補償金の支払等について
② 教育現場における著作権に関する研修や普及啓発等について
③ 著作権法の解釈に関するガイドラインについて
④ 補償金制度を補完するライセンス環境について

著作物の教育利用に関する関係者フォーラムの構成団体・構成員例

利用者側（総合フォーラム委員）
○全国都道府県教育委員会連合会
○全国市町村教育委員会連合会
○日本私立小学校連合会
○日本私立中学高等学校連合会
○一般社団法人国立大学協会
○日本私立大学団体連合会
○一般社団法人公立大学協会
○国立高等専門学校機構
○全国公立短期大学協会
○全国専修学校各種学校総連合会

その他 有識者 関係団体 等

権利者側
○一般社団法人日本写真著作権協会
○一般社団法人日本書籍出版協会
○日本放送協会
○協同組合日本脚本家連盟
○一般社団法人日本雑誌協会
○公益社団法人日本芸能実演家団体協議会
○一般社団法人日本ケーブルテレビ連盟
○一般社団法人日本音楽著作権協会
○一般社団法人日本レコード協会
○一般社団法人日本民間放送連盟
○一般社団法人日本新聞協会
○一般社団法人日本美術著作権連合
○公益社団法人日本文藝家協会
○一般社団法人学術著作権協会

13

著作権法第35条に関するガイドラインについて

著作権法第３５条運用指針の主な内容

● 授業を目的とする著作物利用についての著作権法の解釈に関するガイドラインを下記のような例示を含めて「著作物の教育利用に関する関係者フォーラム」が策定し、公表。

用語	対象の例	対象外の例
公衆送信	学外に設置されているサーバーに保存された著作物の送信 多数の履修者等への著作物のメール送信	学校の同一の敷地内に設置されているサーバーを用いて行われる校内での送信 （公衆送信に該当せず、無許諾・無償。）
学校その他の教育機関	幼稚園、保育所、こども園、小学校、中学校、高等学校、大学、公民館、博物館、美術館、図書館　等	営利目的の会社や個人経営の教育施設 企業等の研修施設
授業	講義、実習、演習、ゼミ、部活動、課外活動、学校が主催する公開講座	教職員会議、保護者会
教育を担任する者	教諭、教授、講師、教員等 教諭等の指示を受けて公衆送信を行う補助者	（教育委員会）
授業を受ける者	児童、生徒、学生、科目履修生、受講者等 履修者等の求めに応じ公衆送信を行う補助者	
必要と認められる限度	クラス単位や授業単位までの数の複製・送信	（ウェブサイト等での一般公開）
著作権者の利益を不当に害する場合	（不当に害する可能性が低い例） ● 採択された検定教科書の当該教科履修期間における複製・公衆送信 ● 短歌や写真等の１著作物の全部の複製・公衆送信	（不当に害する可能性が高い例） ● 学習用の市販のソフトウェアを１ライセンスのみ購入し、児童・生徒に公衆送信 ● ドリルや問題集を購入の代替となるような態様で複製・配信

初等中等教育における特別活動に関する追補版

● 初等中等教育における運動会、文化祭等の特別活動（学校行事等）においてオンラインを活用したいとの問い合わせが、教育機関設置者や学校から多く寄せられたことに対応するため策定。運用指針の基本的な考え方を整理しつつ、特別活動で行われる保護者等へのインターネット配信の考え方の視点を加え説明。

14

認可された補償金額の概要

主な意見聴取先
- 全国市町村教育委員会連合会
- 全国都道府県教育委員会連合会
- 日本私立小学校連合会
- 日本私立中学高等学校連合会
- 指定都市教育委員会協議会
- 全国公立高等専門学校協会
- 日本私立高等専門学校協会
- 全国公立短期大学協会
- 日本私立短期大学協会
- 一般社団法人国立大学協会
- 一般社団法人公立大学協会
- 日本私立大学団体連合会
- 全国専修学校各種学校総連合会
- 全国知事会
- 全国市長会
- 全国町村会
- 全国国公立幼稚園・こども園長会
- 全日本私立幼稚園連合会　等

○ **意見聴取期間**　2020年8月6日～9月23日
○ **認可申請**　2020年9月30日 ⇒ **12月18日　文化庁長官認可**
○ **認可された補償金額**

■ **補償金の料金体系と金額**

① 学校種別の年間包括料金※1（公衆送信の回数は無制限）
授業目的公衆送信を受ける幼児／児童／生徒／学生1人当たりの額
- 大学　720円（月平均60円）
- 高校　420円（月平均35円）
- 中学校　180円（月平均15円）
- 小学校　120円（月平均10円）
- 幼稚園　60円（月平均 5円）
- 社会教育施設、公開講座等
  30人を定員とする1講座・講習を1回の授業として、授業毎に300円

② 公衆送信の都度支払う場合の料金
1回・1人当たり10円
（対象となる著作物、実演、レコード、放送、有線放送毎）
※前期・後期毎に事後届出、補償金の適正な請求・分配に資する情報の提出

■ **補償金額の算出根拠**

著作権等管理事業者が、非営利の教育機関に適用している公衆送信に係る使用料等を参考に算出

■ **定期的な見直し**

3年経過毎に、検討を加え、必要な措置を講じる

※1：学部や学科、学年、クラス別に支払いの有無を区分可能。
人口減などで教育機関の維持が困難な地域に存する教育機関や通信制教育機関、特別支援学校・学級、履修証明プログラムの履修者、科目等履修生については50％減額。

15

補償金の分配スキームの概要

- サンプル方式による利用報告に基づき、著作物の**分野毎の著作権等管理事業者等に補償金の分配を委託**し、受託団体が**できる限り個別の権利者に分配**。また、著作権の保護や著作物の創作の振興・普及のため、**クリエーターや教育全体の利益に資する共通目的事業に支出**。
- **権利者特定分のみ受託団体に分配を委託。それ以外の補償金収入額はSARTRASが管理**し、文化庁が直接監督することで透明性を確保。

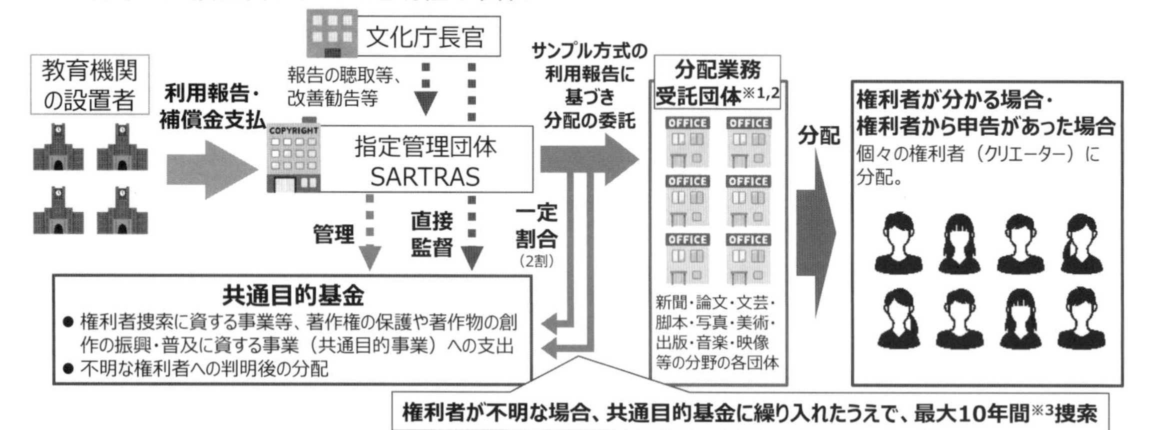

※1：権利者への補償金の分配を網羅的に遂行できる能力を有する著作権等管理事業者又は権利者団体。分配の再委託は原則不可。ただし適正で効率的な分配を実現するためやむをえない事情がある場合、SARTRASの承認を得て可能。再委託に係る経費は受託団体が負担。 ※2：分野を網羅する団体がない場合は、その設立支援を行う（大学教員への分配の窓口となる団体、海外の権利者に対して分配を行う窓口となる団体の設立に向け検討中。） ※3：一般債権の消滅時効が最大10年であることから。

16

授業目的公衆送信補償金の申請状況（2022年3月31日現在）

登録設置者件数	
国立	95
公立	1,360
私立	1,237
その他	108
合計	2,800

※申請済教育機関設置者及び教育機関名をSARTRASウェブサイトにて公表中

【参考】2020年度の届出数は、設置者で1,658件、教育機関数17,906件

教育機関種別	申請件数（a）	文科省統計総数（b）	申請率（a/b）
幼稚園	406	9,706	4.2
小学校	15,495	19,569	79.2
中学校	7,883	10,161	77.6
義務教育高校	123	151	81.5
高等学校	4,073	5,010	81.3
中等教育学校	45	57	78.9
高等専門学校	57	57	100.0
大学（短大以外）	716	811	88.3
大学（短大）	234	326	71.8
特別支援学校	1,099	1,166	94.3
専修学校	874	3,143	27.8
各種学校	51	1,108	4.6
幼保連携型認定こども園	49	6,287	0.8
合計	31,105	57,552	54.0

17

対象別、設置者別の財政支援の状況

●**文部科学省における支援の状況**

文部科学省では、認可された補償金額をベースとして、公立学校等については地方財政措置を講じ、国立大学等や私立学校等については、運営費交付金や私学助成といった基盤的経費の2022年度予算に補償金の支払いに必要な経費を計上。

対象	補償金額	設置者		
		国立	公立	私立
大学（短大・高専（4年生以上）を含む）	720円	運営費交付金	地方財政措置	私立大学等経常費補助金
高等学校（高専（1～3年生）を含む）	420円	運営費交付金	地方財政措置	私立高等学校等経常費助成費補助金＋地方財政措置
中学校	180円	運営費交付金	地方財政措置	私立高等学校等経常費助成費補助金＋地方財政措置
小学校	120円	運営費交付金	地方財政措置	私立高等学校等経常費助成費補助金＋地方財政措置
幼稚園等	60円	運営費交付金	地方財政措置	施設型給付又は私立高等学校等経常費助成費補助金＋地方財政措置
特別支援学校※	上記の半額	運営費交付金	地方財政措置	私立高等学校等経常費助成費補助金
専修学校・各種学校	専門課程720円 高等課程420円 一般課程及び各種学校 上記の各教育段階に応じた額	運営費交付金	地方財政措置	地方財政措置

※：視覚障害者・聴覚障害者のための複製等（著作権法第37条・第37条の2）に該当する場合は無償。

18

文部科学省の担当課室一覧

● 授業目的公衆送信補償金制度の内容について
【担当】文化庁　著作権課　著作物流通推進室（内線2847）

● 財政支援について

1．初等中等教育
○ 国立大学附属学校
【担当】高等教育局　国立大学法人支援課　総括係（内線3339）
○ 公立小学校、中学校、高等学校、特別支援学校等
【担当】初等中等教育局　修学支援・教材課　企画係（内線2004）
○ 私立高等学校等
【担当】高等教育局　私学部　私学助成課　助成第四係（内線2547）

2．高等教育
○ 国立大学等
【担当】高等教育局　国立大学法人支援課　総括係（内線3339）
○ 公立大学等
【担当】高等教育局　大学振興課　公立大学係（内線3370）
○ 私立大学等
【担当】高等教育局　私学部　私学助成課　助成第一係（内線2028）
○ 国立高等専門学校
【担当】高等教育局　専門教育課　高等専門学校係（内線3347）
○ 公私立専修学校
【担当】総合教育政策局　専修学校教育振興室　専修学校第二係（内線2938）

3．社会教育等
○ 公立社会教育施設
【担当】総合教育政策局　地域学習推進課　地域学習推進係（内線2967）
○ 教育研修センター
【担当】総合教育政策局　教育人材政策課　庶務・助成係（内線2959）

19

授業目的公衆送信補償金制度についての参考情報

- 文化庁　授業目的公衆送信補償金の額の認可について
  https://www.bunka.go.jp/seisaku/chosakuken/92728101.html

←補償金額の認可の内容等についてはこちら

- 指定管理団体（SARTRAS）補償金のお支払いについて
  https://sartras.or.jp/oshiharai/

←補償金規程や補償金のお支払いについてはこちら

20

授業目的公衆送信補償金制度に関するガイドラインURL

- 「改正著作権法第35条運用指針（令和3（2021）年度版）」
  https://forum.sartras.or.jp/info/005/

←授業を目的とする著作物利用に関するガイドラインはこちら

- 初等中等教育における特別活動に関する追補版
  https://forum.sartras.or.jp/info/006/

←初等中等教育における運動会、文化祭等での著作物利用
に関する追補版ガイドラインはこちら

21

［出典］一般社団法人授業目的公衆送信補償金等管理協会（SARTRAS（サートラス））https://sartras.or.jp/archives/news/20220608_2/

■参考：「著作物」とは

著作権法で保護の対象となる著作物であるためには、以下の事項をすべて満たすものである必要があります。

(1)「思想又は感情」を表現したものであること → 単なるデータが除かれます。
(2) 思想又は感情を「表現したもの」であること → アイデア等が除かれます。
(3) 思想又は感情を「創作的」に表現したものであること → 他人の作品の単なる模倣が除かれます。
(4)「文芸、学術、美術又は音楽の範囲」に属するものであること → 工業製品等が除かれます。

具体的には、小説、音楽、美術、映画、コンピュータプログラム等が、著作権法上、著作物の例示として挙げられています。

その他、編集物で素材の選択又は配列によって創作性を有するものは、編集著作物として保護されます。新聞、雑誌、百科事典等がこれに該当します。

[出典] 文化庁「著作物について」https://www.bunka.go.jp/seisaku/chosakuken/seidokaisetsu/gaiyo/chosakubutsu.html

■参考：著作権法（抄）

（学校その他の教育機関における複製等）
第35条　学校その他の教育機関（営利を目的として設置されているものを除く。）において教育を担任する者及び授業を受ける者は、その授業の過程における利用に供することを目的とする場合には、その必要と認められる限度において、公表された著作物を複製し、若しくは公衆送信（自動公衆送信の場合にあつては、送信可能化を含む。以下この条において同じ。）を行い、又は公表された著作物であつて公衆送信されるものを受信装置を用いて公に伝達することができる。ただし、当該著作物の種類及び用途並びに当該複製の部数及び当該複製、公衆送信又は伝達の態様に照らし著作権者の利益を不当に害することとなる場合は、この限りでない。
2　前項の規定により公衆送信を行う場合には、同項の教育機関を設置する者は、相当な額の補償金を著作権者に支払わなければならない。
3　前項の規定は、公表された著作物について、第一項の教育機関における授業の過程において、当該授業を直接受ける者に対して当該著作物をその原作品若しくは複製物を提供し、若しくは提示して利用する場合又は当該著作物を第38条第一項の規定により上演し、演奏し、上映し、若しくは口述して利用する場合において、当該授業が行われる場所以外の場所において当該授業を同時に受ける者に対して公衆送信を行うときには、適用しない。
（営利を目的としない上演等）
第38条　公表された著作物は、営利を目的とせず、かつ、聴衆又は観衆から料金を受けない場合には、公に上演し、演奏し、上映し、又は口述することができる。ただし、当該上演、演奏、上映又は口述について実演家又は口述を行う者に対し報酬が支払われる場合は、この限りでない。

教育実践ライブラリ Vol.2
GIGAの日常化で変わる授業づくりの今とこれから

令和４年８月１日　第１刷発行

編集・発行　株式会社ぎょうせい

〒136-8575　東京都江東区新木場1-18-11
URL：https://gyosei.jp

フリーコール　0120-953-431
ぎょうせい　お問い合わせ　検索　https://gyosei.jp/inquiry/

〈検印省略〉

印刷　ぎょうせいデジタル株式会社

※乱丁・落丁本はお取り替えいたします。

ISBN978-4-324-11130-7
(3100555-01-002)
〔略号：教実ライブラリ２〕